民法典普及推荐读本

民法典

人格权编

实 用 问 题 版

实用问题及实务工具部分撰稿人
赵 微
辽宁省沈阳市中级人民法院
战宇思
东北大学文法学院

法律出版社 | LAW PRESS

出版说明

2021年1月1日《民法典》正式施行。《民法典》是一本写满民事权利的宣言书，与人民的生活密切相关，几乎所有的民事活动都能在《民法典》中找到依据。为帮助读者更好地理解《民法典》中的法律概念、术语以及具体条文的适用，我们从实用、易懂、便捷的角度出发，编写了“民法典实用问题版系列”图书。

本套图书具有以下特点：

1. 实用的解读。对重点条文根据立法、司法、行政机关的释义、解读以及相关法律法规的规定等进行精炼、准确的解答，为理解、适用《民法典》的条文规定提供实用的解读。

2. 实用的指引。结合生活、工作实践提炼法律适用问题，并依据《民法典》及相关法律法规、司法解释、部门规章的进一步规定进行分析解答，为处理法律事务、解决法律问题提供实用的指引。

3. 实用的工具。提炼法律知识图表，让成体系的《民法典》相关规定的适用一目了然，同时收录了常用的法律文书（合同）范本，供读者参照使用，为处理民事法律事务提供实用的工具。

4. 实用的依据。收录常用的法律法规、司法解释、部门规章等（电子版免费阅读使用，并持续更新），并以《民法典》的体例进行划分，条理清晰、查询方便，后续电子版将根据法律法规的变化持续调整，为处理民事法律事务提供实用的依据。

带着问题学习法律，以法律解决实际问题！希望本套丛书能够为广大读者带来切实的法律帮助。

2021年2月

《民法典》线上配套法律法规汇编

本汇编为“民法典实用问题版系列”的配套法规，旨在为读者提供便捷的、全面的在线内容查询。本汇编以《民法典》的体例划分，条理清晰、查询方便，后续将根据法律法规的变化持续调整，为处理民事法律事务提供实用的依据。

本汇编包含：(1)《民法典》全文正式版本。(2)《民法典》与《婚姻法》《继承法》《民法通则》《收养法》《担保法》《合同法》《物权法》《侵权责任法》《民法总则》相关法律的条文对照。(3)与《民法典》相关的法律、行政法规、司法解释、司法批复、司法文件、部门规章等。

目　录

民法典　第四编　人格权

实用问题

关联法规

实用工具

民法典

第四编　人格权

第一章　一般规定

第九百八十九条　【人格权编的调整范围】本编调整因人格权的享有和保护产生的民事关系。

条文注解

人格权是民事主体对其特定的人格利益享有的权利,关系到每个人的人格尊严,是民事主体最基本、最重要的权利。《民法通则》在“民事权利”一章中专节规定了人身权,规定了生命健康权、姓名权、名称权、肖像权、名誉权、荣誉权、婚姻自主权等人格权。本法总则编第109~111条延续了这一方式。据此,本条明确规定,本编调整因人格权的享有和保护产生的民事关系。首先,本编的调整范围与人格权有关。其次,本编所涉及的是人格权的享有和保护。最后,本编调整的是因人格权的享有和保护产生的民事关系。应当明确,本编对人格权的规定并不包含《宪法》所规定的公民的所有基本权利,而主要是公民所享有的关于人格的民事权利,是从民事法律规范的角度规定自然人和其他民事主体人格权的内容、边界和保护方式,不涉及公民政治、社会等方面的基本权利。

关联法规

《宪法》第33条,《刑法》第236~238、245条,《治安管理处罚法》第27、40、43条

第九百九十条 【人格权定义】人格权是民事主体享有的生命权、身体权、健康权、姓名权、名称权、肖像权、名誉权、荣誉权、隐私权等权利。

除前款规定的人格权外，自然人享有基于人身自由、人格尊严产生的其他人格权益。

条文注解

本条第1款仅是对民事主体所享有的人格权利的具体类型进行了列举，而并未对人格权作出概括式的定义。民事主体所享有的人格权的具体法定类型主要包括：

(1)生命权：指自然人享有的以生命安全和生命尊严为内容的权利。

(2)身体权：指自然人享有的以身体完整和行动自由为内容的权利。

(3)健康权：指自然人享有的以身心健康为内容的权利。

(4)姓名权：指自然人享有的依法决定、使用、变更或者许可他人使用自己姓名的权利。

(5)名称权：指法人和非法人组织享有的依法使用、变更、转让或者许可他人使用自己名称的权利。

(6)肖像权：指自然人享有的依法制作、使用、公开或者许可他人使用自己肖像的权利。

(7)名誉权：指自然人、法人和非法人组织就其品德、声望、才能、信用等所获得的社会评价，所享有的保有和维护的权利。

(8)荣誉权：指自然人、法人和非法人组织对其获得的荣誉及其利益所享有的保持、自主决定的权利。

(9)隐私权：指自然人享有的私人生活安宁与不愿为他人知晓的

私密空间、私密活动、私密信息等依法受到保护,不受他人刺探、侵扰、泄露和公开的权利。

本条第2款是人格权益的一般条款。适用的条件是:首先,被侵犯的人格权益没有法律的明确规定,并且无法纳入具体列举的人格权的保护范围。该款规定是为了弥补法律规定和人格权的具体列举所出现的不足。因此,当法律对此有明确规定时,应当首先适用法律的明确规定;虽然法律没有明确规定,但可以适用具体列举的人格权予以保护时,则应当适用具体的规定。其次,被侵犯的人格权益是基于人身自由、人格尊严产生的,因此是需要法律保护的。人身自由,包括身体行动的自由和自主决定的自由,是自然人自主参加社会各项活动、参与各种社会关系、行使其他人身权和财产权的基本保障,是自然人行使其他一切权利的前提和基础。人格尊严,包括静态和消极的人格尊严以及动态和积极的人格尊严,即人格形成和人格发展。人格尊严不受侵犯,是自然人作为人的基本条件之一,也是社会文明进步的一个基本标志。最后,只有自然人的人格权益才能通过本条第2款予以保护,法人和非法人组织不能适用本款。该款适用的价值基础是人身自由和人格尊严,而对于法人和非法人组织而言,其无法基于宪法而享有人身自由、人格尊严。

关联法规

《宪法》第37~40条

第九百九十一条　【民事主体的人格权不受侵害】民事主体的人格权受法律保护,任何组织或者个人不得侵害。

条文注解

人格权受法律保护，就要求任何组织或者个人不得侵犯。不得侵犯就是任何组织或者个人不得非法侵害、限制、剥夺他人的人格权，也不得干涉他人合法行使人格权，否则就要依据本法承担民事责任。民事主体按照自己的意愿依法保护和行使人格权，不受干涉。当然，这并非意味着民事主体的人格权可以毫无限制，是绝对自由的。当然，对人格权的限制，或者是基于法律的明确规定，或者是基于其他价值而在合理范围内予以限制，不得随意为之。

第九百九十二条　【人格权禁止性规定】人格权不得放弃、转让或者继承。

条文注解

人格权只能为特定的权利人所享有，与权利主体不可分离。人格权，尤其是自然人所享有的人格权，是与生俱来的，因出生而当然发生，仅因死亡而当然消灭，因此是一种固有权利。人格权具有人身专属性，是人格权与财产权的重要区别，财产权通常具有非人身专属性，可以与权利主体发生分离。

第九百九十三条　【人格标识许可使用】民事主体可以将自己的姓名、名称、肖像等许可他人使用，但是依照法律规定或者根据其性质不得许可的除外。

条文注解

人格权本质上是非财产权，但是，随着经济社会的发展、科技进步以及大众传媒、广告行业的发达，一些人格权已经不再只是消极防御性的权利，对民事主体的姓名、名称和肖像等的许可使用已经成为现实和可能，实践中也有大量需求。因此，本条规定的出台：第一，有利于回应社会发展需要；第二，有利于对人格尊严的保护；第三，有利于对许可使用进行规制，更有利于维护人格尊严；第四，体现了比较法上的共识；第五，是对我国司法实践的总结。但在本条的适用中，首先要注意的是，许可他人使用，是许可他人在商品、商标或者服务等方面使用，因此，不包括他人正当使用别人的姓名等情形；其次要注意的是，许可使用也是民事法律行为的一种，应当适用本法有关民事法律行为的一般性规定；最后要注意的是，依照法律规定或者根据其性质不得许可使用的限制。

关联法规

《商标法》第32、45条，《反不正当竞争法》第6、17条，《企业的名称登记管理规定》第23条，《人类辅助生殖技术管理办法》第3、22、24条

第九百九十四条 【死者人格利益保护】死者的姓名、肖像、名誉、荣誉、隐私、遗体等受到侵害的，其配偶、子女、父母有权依法请求行为人承担民事责任；死者没有配偶、子女且父母已经死亡的，其他近亲属有权依法请求行为人承担民事责任。

条文注解

自然人从出生时起到死亡时止，具有民事权利能力，依法享有民事权利，承担民事义务。据此，自然人在死亡后就不再具有民事权利能力，自然也就不再享有人格权。但是，在现实生活中，侵犯死者人格

利益的现象屡见不鲜，因此对死者人格利益应当予以保护。本条适用的前提是：第一，被侵害者已经死亡。第二，死者的姓名、肖像、名誉、荣誉、隐私、遗体等受到侵害。本条适用的法律后果是：第一，有权提出请求的主体是近亲属。第二，近亲属提出请求具有顺位限制。第三，近亲属依法请求行为人承担民事责任。

关联法规

《英雄烈士保护法》第22、25、26条，《刑法》第302条，《治安管理处罚法》第65条

第九百九十五条 【人格权请求权】人格权受到侵害的，受害人有权依照本法和其他法律的规定请求行为人承担民事责任。受害人的停止侵害、排除妨碍、消除危险、消除影响、恢复名誉、赔礼道歉请求权，不适用诉讼时效的规定。

条文注解

人格权受到侵害的，受害人有权依照本法和其他法律的规定请求行为人承担民事责任。但是，具体的责任构成要件和责任后果由本法和其他法律规定。本法所规定的违约责任、侵权责任等都涉及对人格权的保护，当人格权受到侵害时，受害人有权依照本法的这些规定请求行为人承担相应的民事责任。本法对于不同性质的民事责任和不同的民事责任承担方式分别规定了不同的构成要件和责任后果。本法第196条第1项规定了请求停止侵害、排除妨碍、消除危险不适用诉讼时效的规定。侵害人格权、物权等权益所产生的这三类请求权，其构成都要求现实存在对权益的妨害和危险，行为或状态处于现实持续之中，对这种现实存在的妨害和危险无须考虑之前的事实状况，且

在侵害人格权的情形中，这三类请求权对于维持人格完整性至关重要，故本条据此进一步明确规定，因人格权受侵害而提出的停止侵害、排除妨碍、消除危险请求权，不适用诉讼时效的规定。对很长时间之前发生的侵害人格权行为，如受害人认为对自身仍然有影响，有消除影响和恢复名誉的必要，可以不受诉讼时效期间的限制提出消除影响、恢复名誉、赔礼道歉的请求，以加强对人格权的保护。

关联法规

《国家赔偿法》第3、17、32、35条，《食品安全法》第141条，《消费者权益保护法》第50条，《治安管理处罚法》第117条

第九百九十六条　【精神损害赔偿请求权聚合】因当事人一方的违约行为，损害对方人格权并造成严重精神损害，受损害方选择请求其承担违约责任的，不影响受损害方请求精神损害赔偿。

条文注解

精神损害赔偿是受害人因人格利益或身份利益受到损害或者遭受精神痛苦而获得的金钱赔偿。侵害人格权的情形中，经常会产生违约责任和侵权责任的竞合，受害人因此遭受到严重的精神损害。在违约责任与侵权责任存在竞合的情形中，允许受损害方请求行为人承担违约责任时，可以在违约责任请求中请求精神损害赔偿，有利于为受害人提供不同救济渠道的选择，拓展在此类情形下精神损害的救济方法，符合加强人格权保护的比较法发展趋势，是一个重要的进步。本条适用的前提：首先，损害人格权的违约责任和侵权责任的竞合。其次，因当事人一方的违约行为损害对方自然人的人格权并造成严重精神损害。最后，受损害方选择请求违约方承担违约责任。适用本条的

法律后果是，不影响受损害方请求精神损害赔偿。这意味着，受损害方请求行为人承担违约责任时，可以请求违约方承担精神损害赔偿责任。

关联法规

《最高人民法院关于审理旅游纠纷案件适用法律若干问题的规定》第7条

第九百九十七条　【人格权行为禁令】民事主体有证据证明行为人正在实施或者即将实施侵害其人格权的违法行为，不及时制止将使其合法权益受到难以弥补的损害的，有权依法向人民法院申请采取责令行为人停止有关行为的措施。

条文注解

侵害人格权的一些行为，如果无法及时被制止，为权利人提供及时的救济，尤其是在当前的网络时代，其损害后果不可逆转，甚至会造成难以弥补的损害。本条适用的前提：首先，行为人正在实施或者即将实施侵害其人格权的违法行为。其次，不及时制止将使权利人的合法权益受到难以弥补的损害的。最后，民事主体有证据证明。民事主体必须提出相关的证据，证明已经具备了申请责令停止有关行为的前提条件，即行为人正在实施或者即将实施侵害权利人的人格权的行为，不及时制止将使其合法权益受到难以弥补的损害。本条适用的法律效果是，权利人有权依法向人民法院申请采取责令行为人停止有关行为的措施。首先，权利人必须是向人民法院提出申请，申请的内容也必须具体明确，包括明确的对方当事人、申请采取的具体措施等。其次，申请的程序要依照法律的规定。应当注意的是，人民法院采取的措施应当符合比例原则，根据所欲追求的合法目的，其所采取的措施是合理的。

关联法规

《反家庭暴力法》第30条，《民事诉讼法》第100、101、105、152、166、170、252条，《商标法》第65条

第九百九十八条 【认定人格侵权责任应考虑的主要因素】认定行为人承担侵害除生命权、身体权和健康权外的人格权的民事责任，应当考虑行为人和受害人的职业、影响范围、过错程度，以及行为的目的、方式、后果等因素。

条文注解

保护人格权是尊重和保护人格尊严的要求。但是，如果对人格权的保护过于绝对和宽泛，则难免会产生与其他权利（如新闻报道权）的冲突。人格权保护的价值并非在所有情形中总是一般性地、抽象地高于其他价值，而必须在个案和具体情形中对所有这些价值进行综合权衡。但是，即使承认个案中权衡的必要性，也会出现如何对个案权衡进行合理限制，以实现同等情况同等对待的裁判统一性的要求。为妥当平衡好人格权保护和其他权利之间的关系，本条规定了认定行为人承担侵害人格权责任时的考量因素，包括人格权的类型、主体方面的因素、主观的过错程度、行为方面的因素等。因此，在认定行为人承担侵害人格权的民事责任时，无论是关于责任构成，还是责任后果，都需要对上述因素进行综合考量，各个具体因素之间也会强度互补。

关联法规

《宪法》第40条，《刑事诉讼法》第143条，《国家安全法》第65条

第九百九十九条 【人格权的合理使用】为公共利益实施新闻报道、舆论监督等行为的，可以合理使用民事主体的姓名、名称、肖像、个人信息等；使用不合理侵害民事主体人格权的，应当依法承担民事责任。

条文注解

宪法对新闻报道和舆论监督作出了明确的规定。新闻报道是新闻单位对新近发生的事实的报道，包括有关政治、经济、军事、外交等社会公共事务的报道以及有关社会突发事件的报道。新闻单位包括依法设立的报刊社、广播电台、电视台、通讯社和新闻电影制片厂。舆论监督是社会公众运用各种传播媒介对社会运行过程中出现的现象表达信念、意见和态度，从而进行监督的活动。舆论监督与新闻报道有密切的关系，但两者存在不同。新闻不一定是舆论，新闻报道只是传播意见进而形成舆论的工具；新闻单位通过报道进行的监督仅是舆论监督的一种，舆论只是借助传播工具实现其监督的目的。在新闻报道和舆论监督中，为了保障人民的知情权、维护国家利益和社会公共利益，可以合理使用民事主体的姓名、名称、肖像、个人信息等，无须民事主体的同意。

关联法规

《宪法》第35条

第一千条　【消除影响、恢复名誉、赔礼道歉等民事责任的承担】行为人因侵害人格权承担消除影响、恢复名誉、赔礼道歉等民事责任的,应当与行为的具体方式和造成的影响范围相当。

行为人拒不承担前款规定的民事责任的,人民法院可以采取在报刊、网络等媒体上发布公告或者公布生效裁判文书等方式执行,产生的费用由行为人负担。

条文注解

侵害人格权也可能会通过消除影响、恢复名誉、赔礼道歉等责任方式予以救济。消除影响、恢复名誉,是指人民法院根据受害人的请求,责令行为人在一定范围内采取适当方式消除对受害人名誉的不利影响,以使其名誉得到恢复的一种责任方式。具体适用消除影响、恢复名誉,要根据侵害行为所造成的影响和受害人名誉受损的后果决定。处理的原则是,行为人应当根据造成不良影响的大小,采取程度不同的措施给受害人消除不良影响。

本条第1款是侵害人格权的民事责任。第1款首先明确,行为人因侵害人格权承担消除影响、恢复名誉、赔礼道歉等民事责任的,应当与行为的具体方式和造成的影响范围相当。这意味着,首先,在是否适用这些民事责任时,应当考虑到侵害人格权行为的具体方式和造成的影响范围。同时,在考虑行为的具体方式和造成的影响范围时,还应当将被侵权人的心理感受及所受煎熬、痛苦的程度纳入考虑范围。其次,这些民事责任的具体方式也应当考量行为的具体方式和造成的影响范围。在通常情况下,如果是在特定单位内传播侵害人格权的信息的,应当在特定单位内予以消除影响、恢复名誉、赔礼道歉。如果是在特定网络媒体上传播侵权信息的,应当在该网络媒体上予以澄清事实;而在特定网络媒体上传播的侵权信息又被其他网络媒体转载的,也可以考虑在其他网络媒体上予以澄清事实。

本条第2款是替代性公布执行方式。首先,行为人拒不承担消除影响、恢复名誉、赔礼道歉的民事责任。如果行为人主动履行了这些民事责任,就不存在执行的问题。其次,执行的方式是在报刊、网络等媒体上发布公告或者公布生效裁判文书等。最后,人民法院是“可以”而非“应当”采取。鉴于侵害人格权的情形较为复杂,有时发布公告或者公布裁判文书可能会导致后续的损害,因此赋予人民法院根据情况加以酌定处理的必要。

关联法规

《民事诉讼法》第111、252、256条,《最高人民法院关于适用〈中华人民共和国民事诉讼法〉的解释》第503、504条

第一千零一条 【身份权的法律适用】对自然人因婚姻家庭关系等产生的身份权利的保护,适用本法第一编、第五编和其他法律的相关规定;没有规定的,可以根据其性质参照适用本编人格权保护的有关规定。

条文注解

对自然人因婚姻家庭关系等产生的身份权利的保护,首先,应当适用本法总则编、婚姻家庭编和其他法律的相关规定。本法总则编关于监护的条文以及婚姻家庭编对此种身份权利的保护进行了一些明确的规定,其他法律也存在对身份权利保护的规定,这些规定应当具有优先适用性,对身份权利进行保护时,应当首先适用这些明确的特殊规定。其次,没有特别规定的,本编人格权保护的有关规定可以被参照适用于身份权利的保护。在对身份权利的保护没有明确的特殊

规定时,可以根据其性质参照适用人格权保护的规定以弥补保护的漏洞,这有助于通过人格权保护的规定补充完善身份权利的保护。再次,能够被参照适用于身份权利保护的只能是本编人格权保护的有关规定。最后,人格权保护的规定是被参照适用于而非直接适用于身份权利的保护。人格权的保护不是以保护身份权利为出发点,而是以保护个人的人身自由和人格尊严为基本价值追求,与身份权利以保护婚姻和家庭共同体的价值追求不同。身份权利的保护在参照适用人格权保护的规定时,应当考虑到关于身份权利的整体价值取向。

第二章 生命权、身体权和健康权

第一千零二条 【生命权】自然人享有生命权。自然人的生命安全和生命尊严受法律保护。任何组织或者个人不得侵害他人的生命权。

条文注解

生命权,是指自然人享有的以维护生命安全和生命尊严为内容的权利。《民法通则》第98条规定,公民享有生命健康权。但是,因为生命权和健康权在权利内容上存在区别,并且生命的丧失不可逆转,因此《侵权责任法》第2条第2款已经将生命权和健康权区分为两种不同的民事权利予以规定。本法延续了《侵权责任法》的规定,区分规定生命权和健康权。首先,本条明确规定自然人享有生命权。自然人只有享有生命权,才能作为一个主体在社会中生存并与他人交往,追求自己存在的价值。生命权是自然人最为重要的人格权,是其他人格权和其他权利的前提,是从事民事活动和其他一切活动的前提和基本要求。其次,生命权的内容是生命安全和生命尊严受法律保护。在自然人的生命权遭受侵害或者面临危险时，权利人可以依法采取相应的保护措施，以维护自己的生命安全。最后，本条从反面进一步规定，任何组织或者个人不得侵害他人的生命权。不能把自然人的生命作为实现其他目的的手段，任何人都不得非法剥夺他人的生命。

关联法规

《国家赔偿法》第34条，《治安管理处罚法》第45条

第一千零三条 【身体权】自然人享有身体权。自然人的身体完整和行动自由受法律保护。任何组织或者个人不得侵害他人的身体权。

条文注解

身体权，是指自然人享有的以身体完整和行动自由受法律保护为内容的权利。身体权与生命权、健康权密切相关，侵害自然人的身体往往导致对自然人健康的损害，甚至剥夺自然人的生命。但生命权、健康权和身体权所保护的自然人的具体人格利益有区别，生命权以保护自然人生命的延续为内容之一，健康权以保护身体各组织及整体功能正常为内容之一，而身体权以保护身体组织的完整为内容之一。身体权的内容是身体完整和行动自由受法律保护。任何组织或者个人不得侵害他人的身体权。侵害身体权的行为是多样的。身体包括头颈、躯干、四肢、器官及毛发、指甲等各种人体细胞、人体组织、人体器官，如剪掉头发或者眉毛，构成了对身体权的侵害。对于固定于身体成为身体组成部分，与其他组成部分结合一起发挥功能，而不能自由卸取的人工附加部分，如假肢、义齿、义眼、心脏起搏器等，对这些部分的侵害，也可以被认为是构成侵害身体权，造成严重精神损害的，可以

依法请求精神损害赔偿。应当注意的是，虽然自然人死亡之后就不再享有身体权，但是，自然人死亡后的遗体、遗骨和骨灰也应当受到尊重。

关联法规

《国家赔偿法》第33条，《妇女权益保障法》第37条，《精神卫生法》第28条，《治安管理处罚法》第43条

第一千零四条　【健康权】自然人享有健康权。自然人的身心健康受法律保护。任何组织或者个人不得侵害他人的健康权。

条文注解

健康权是自然人享有的以身心健康受法律保护为内容的权利。健康是维持人体正常生命活动的基础，健康权是自然人重要的人格权。本条规定的健康权是一种民事权利。国家对于公民健康，在公法意义上的保护义务是通过其他法律予以实现的。本条明确健康权的内容是身心健康受法律保护。身心健康包括身体健康和心理健康。健康，是指一个人在身体和心理等方面都处于良好的状态，相应地包括身体健康和心理健康，但不包括一个人在社会适应方面的良好状态以及道德健康等。

关联法规

《基本医疗卫生与健康促进法》第4、5、28条，《妇女权益保障法》第38、46条，《精神卫生法》第27、83条

第一千零五条 【法定救助义务】自然人的生命权、身体权、健康权受到侵害或者处于其他危难情形的，负有法定救助义务的组织或者个人应当及时施救。

条文注解

为了保护自然人的生命权、身体权和健康权，弘扬社会主义核心价值观，在自然人的生命权、身体权、健康权受到侵害或者处于其他危难情形时，法律应当鼓励和支持对自然人的适当救助。这种鼓励和支持体现在两个层面：第一，对不负有法定救助义务的救助人的保护。一方面，在救助人造成受助人损害的情形下，救助人责任应予以限制或者免除；另一方面，救助人因救助而使自己受到损害时享有请求权。第二，规定特定主体在特定情况下积极的救助义务。本条即规定了在自然人的生命权、身体权、健康权受到侵害或者处于其他危难情形时特定主体的救助义务。本条适用的前提，首先是自然人的生命权、身体权、健康权受到侵害或者处于其他危难情形。其次是特定的组织或者个人负有法定的救助义务。法律对救助义务的规定，包括两种：第一种是条文中明确规定了救助义务；第二种是法律虽然没有明确规定救助义务，但规定中包含了救助义务。本条适用的法律效果是，负有法定救助义务的组织或者个人应当及时施救。首先，应当是及时施救，不得以未付费等为由拒绝或者拖延救助。其次，施救的措施包括亲自救助或者通过联系国家机关、急救机构等方式。

关联法规

《基本医疗卫生与健康促进法》第 27 条，《执业医师法》第 24 条，《海商法》第 174 条，《道路交通安全法》第 70 条，《人民警察法》第 21 条，《人民武装警察法》第 18 条，《消费者权益保护法》第 18 条，《消防

法》第5、44条,《医疗机构管理条例》第31条

第一千零六条 【人体捐献】完全民事行为能力人有权依法自主决定无偿捐献其人体细胞、人体组织、人体器官、遗体。任何组织或者个人不得强迫、欺骗、利诱其捐献。

完全民事行为能力人依据前款规定同意捐献的,应当采用书面形式,也可以订立遗嘱。

自然人生前未表示不同意捐献的,该自然人死亡后,其配偶、成年子女、父母可以共同决定捐献,决定捐献应当采用书面形式。

条文注解

人体捐献包括人体细胞的捐献、人体组织的捐献、人体器官的捐献、遗体的捐献等。本条规定的主要内容包括:第一,自然人享有捐献或者不捐献人体细胞、人体组织、人体器官和遗体的自主决定权。人体捐献与自然人的人格尊严密切相关,获得人体捐赠者的同意是人体捐赠最为重要的前提。第二,人体捐献的意愿必须真实合法,任何组织或者个人不得强迫、欺骗、利诱捐献。人体捐献的意愿必须是捐献人的真实意愿,捐献意愿不是因为强迫、欺骗、利诱而作出的。第三,完全民事行为能力人才有权依法自主决定。人体捐赠者必须对捐赠行为具有充分的判断和辨认能力,这要求捐赠者必须具备完全的民事行为能力。未成年人以及不能辨认或者完全辨认自己行为的成年人等限制民事行为能力人和无民事行为能力人,不能作出人体捐献的有效同意。第四,完全民事行为能力人依据前款规定同意捐献的,应当采用书面形式,也可以订立遗嘱。捐献可能对人体造成损害,涉及生命权、身体权、健康权等最基本的人格权利,同时要确定捐献的意愿是真实的,因此应当对同意捐献的形式作严格限制。第五,自然人生前未表示不同意捐献的,该自然人死亡后,其配偶、成年子女、父母可以

共同决定捐献，决定捐献应当采用书面形式。

关联法规

《刑法》第232、234条，《献血法》第2、9条，《人体器官移植条例》第2、7~10、18、19条，《人体器官移植技术临床应用管理暂行规定》第27、28、30条

第一千零七条 【禁止人体买卖】禁止以任何形式买卖人体细胞、人体组织、人体器官、遗体。

违反前款规定的买卖行为无效。

条文注解

基于人格尊严的理念，每一个自然人的身体都应当受到尊重，避免仅仅将人体组成部分作为客体；同时，在实践中，人体的买卖很可能会不公平地利用最贫穷和最脆弱的群体，导致牟取暴利和贩卖人口。本条首先明确，人体捐赠只能是无偿的，禁止以任何形式买卖人体细胞、人体组织、人体器官、遗体。买卖人体的形式在实践中多种多样，任何形式只要构成实质上的买卖，都应当被禁止。在付款对象上，自然人自己直接付款买卖，这当然构成买卖。如果是死者的近亲属或者其他中间人予以付款，也同样构成买卖。因此，对上述各方的金钱回报都应当予以禁止。在形式上，不仅是直接的买卖形式应当被禁止，其他实质上类似于买卖的有偿利用形式也应当被禁止。本条进一步明确，违反前款规定的买卖行为无效。但是，应当注意的是，应将人体买卖和依据法律规定对捐赠人或者其近亲属的补偿或者救助、各种成本的补偿区别开。

关联法规

《刑法》第 234 条,《献血法》第 11、14 条

第一千零八条　【人体临床试验】为研制新药、医疗器械或者发展新的预防和治疗方法,需要进行临床试验的,应当依法经相关主管部门批准并经伦理委员会审查同意,向受试者或者受试者的监护人告知试验目的、用途和可能产生的风险等详细情况,并经其书面同意。

进行临床试验的,不得向受试者收取试验费用。

条文注解

人体临床试验,又称为人体试验,是指在病人或健康志愿者等受试者的人体上进行系统性研究,以了解新药、医疗器械或者发展新的预防和治疗方法的疗效与安全性。人体试验关系到受试者的生命健康,涉及其人格尊严,要符合伦理要求,有必要对此设定较为严格的条件。人体试验的伦理原则是公正、尊重人格、力求使受试者最大限度受益和尽可能避免伤害,具体包括知情同意、控制风险、免费和补偿、保护隐私、依法赔偿、特殊保护等,而其中的基础和首要前提是受试者的知情同意,体现了受试者对人体试验的自主决定权。

本条规定的主要内容如下:第一,人体临床试验应当依法经相关主管部门批准并经伦理委员会审查同意。同时,人体临床试验需经伦理委员会审查同意是保障受试者权益的主要措施之一。第二,受试者享有是否参加试验的自主决定权。基于受试者的人格尊严,应当尊重和保护受试者的合法权益,尊重和保障受试者是否参加研究的自主决定权。同时,应当允许受试者在任何阶段无条件退出研究。第三,受试者同意参加临床试验的意愿必须真实合法。这首先意味着任何组

织或者个人不得使用欺骗、利诱、胁迫等手段使受试者同意参加研究。第四，知情同意权由受试者或者其监护人依法行使。如果受试者是完全民事行为能力人，则能够单独有效地行使知情同意权。但是，在受试者不具备完全的民事行为能力时，情况比较复杂，本法仅作出了原则性规定，具体由特别法进一步规定。应当注意的是，本条仅对知情同意作出规定，未涉及其他层面，须由其他特别规范予以进一步规定。第五，知情同意必须是书面形式。参加人体试验可能对受试者人体造成损害，涉及生命权、身体权、健康权等最基本的人格权利，同时要确定同意参加的意愿是真实的，因此应当对知情同意的形式严格限制为书面形式。这也是我国现行有关规范的共识。第六，进行临床试验的，不得向受试者收取试验费用。这是总结了我国现行的相关规范而作出的规定。

关联法规

《基本医疗卫生与健康促进法》第 32 条，《疫苗管理法》第 16~18 条，《药品管理法》第 19~23 条，《执业医师法》第 26、37 条，《医疗机构管理条例》第 33 条，《涉及人的生物医学研究伦理审查办法》第 4、5、7、11~13 条，《医疗器械临床试验质量管理规范》第 15、16、23、25、65 条，《干细胞临床研究管理办法（试行）》第 6 条

第一千零九条 【从事人体基因、人体胚胎等有关的医学和科研活动时的义务】从事与人体基因、人体胚胎等有关的医学和科研活动，应当遵守法律、行政法规和国家有关规定，不得危害人体健康，不得违背伦理道德，不得损害公共利益。

条文注解

与人体基因有关的医学和科研活动，包括基因鉴定、基因制药、基

因诊断、基因治疗、基因编辑、基因克隆等。与人体胚胎有关的医学和科研活动,包括与人体胚胎干细胞等有关的治疗性研究和生殖性研究。与人体基因和胚胎等有关的医学和科研活动是生命科学研究的重要组成部分,将极大地改变人类生命和生活的面貌,为改善个人和全人类的健康状况开辟了广阔的前景。但是,这些活动可能带来人体生命健康安全和伦理道德方面的风险,甚至对人类产生重大的潜在危险。本条规定主要包括以下内容:一是尊重人格尊严。从事与人体基因、人体胚胎等有关的医学和科研活动,必须建立在尊重人格尊严的基础上,这同时意味着,应当禁止违背人格尊严、生命保护的一切行为。二是尊重知情同意权。从事与人体基因、人体胚胎等有关的医学和科研活动,应当尊重人们在负责并尊重他人自主权的前提下自己作出决定的自主权,事先征得有关人员自愿、知情和明确表示的同意,向其提供清楚、公正、充分和适当的信息。当事人可以在任何时候、以任何理由撤销其同意。三是尊重当事人的隐私,保护相关的个人信息。从事相关活动时,应尊重当事人的隐私,对与个人有关的遗传信息应加以保密。四是正当程序等保障。包括研究活动的专业谨慎、诚实正直与决策的透明理性,伦理委员会的评估,利益共享,团结互助与国际合作。本条规定了从事与人体基因、人体胚胎等有关的医学和科研活动的法律底线。

关联法规

《科学技术进步法》第 29 条,《人口与计划生育法》第 35 条,《人类遗传资源管理条例》第 2、7~10、12 条,《人胚胎干细胞研究伦理指导原则》第 4、6~8 条,《基因工程安全管理办法》第 2、3、30 条

第一千零一十条 【性骚扰】违背他人意愿，以言语、文字、图像、肢体行为等方式对他人实施性骚扰的，受害人有权依法请求行为人承担民事责任。

机关、企业、学校等单位应当采取合理的预防、受理投诉、调查处置等措施，防止和制止利用职权、从属关系等实施性骚扰。

条文注解

性骚扰行为会影响受骚扰者的学习、工作和生活，侵害人格尊严、自由，损害其形象和自尊，严重的性骚扰甚至造成被骚扰者的恐惧、自闭和盲目依赖，还可能涉及社会中的性别歧视。本条第1款规定了性骚扰的一般性构成。性骚扰一般包括以下条件：(1)性骚扰中受害人是所有的自然人。(2)行为与性有关。行为人具有性意图，以获取性方面的生理或者心理满足为目的。(3)性骚扰构成的核心是违背他人意愿。性骚扰与两相情愿的调情、约会等相区分，是因为此类行为违背了他人意愿。(4)行为一般具有明确的针对性。(5)行为人主观上一般是故意的。第2款特别规定了机关、企业、学校等单位的义务。一方面，这些单位负有为防止和制止利用职权、从属关系等实施性骚扰而采取措施的义务。这是因为这些单位对其工作人员具有一定的管理和控制能力，使单位负有相应的义务，能够在一定程度上防止和制止性骚扰的发生和继续发生，也有助于建立多元化的性骚扰纠纷解决机制。另一方面，这些单位应当采取合理的预防、受理投诉、调查处置等措施。这些措施涵盖了事前的预防、事中的受理投诉和事后的调查处置各个层面。

关联法规

《宪法》第48条,《妇女权益保障法》第40~42、48条,《治安管理处罚法》第42、44、66、67、69条,《女职工劳动保护特别规定》第11条

第一千零一十一条　【侵害行动自由和非法搜查身体】以非法拘禁等方式剥夺、限制他人的行动自由,或者非法搜查他人身体的,受害人有权依法请求行为人承担民事责任。

条文注解

本条规定了非法剥夺、限制他人行动自由和非法搜查他人身体的,受害人有权依法请求行为人承担民事责任。首先是非法剥夺、限制他人行动自由。本条所谓的行动自由,指的是身体行动的自由,不包括意志的自由或者精神活动的自由。非法剥夺、限制他人行动自由在实践中的方式多种多样,如非法拘禁、非法逮捕、拘留、非法绑架、非法强制住院治疗等。同时,剥夺、限制他人行动自由必须是非法的。其次是非法搜查他人身体。在实践中,有些超市、商场等发生了非法搜查他人身体的行为,这些行为往往以限制行动自由为前提,同时涉及自然人对自己身体的权利,侵害了自然人的人格尊严。非法搜查他人身体,必须是对他人身体的搜查。如果是非法搜查他人住宅等,不适用本条,可以适用本法关于隐私权的规定。本条进一步规定,以非法拘禁等方式剥夺、限制他人的行动自由,或者非法搜查他人身体的,受害人有权依法请求行为人承担民事责任。受害人有权依法请求行为人承担民事责任,这意味着,如果本法和其他法律的规定对行为人承担民事责任,要求具备其他的责任构成要件,或者进一步对责任后果予以细致规定的,应当依照其规定。

关联法规

《宪法》第37条,《立法法》第8条,《刑法》第238、244条,《消费者权益保护法》第27条,《治安管理处罚法》第40、41条,《国家赔偿法》第3条,《刑事诉讼法》第84、302条,《行政强制法》第20条,《传染病防治法》第39条,《妇女权益保障法》第34、39条,《精神卫生法》第5、30、31条,《禁毒法》第38条,《劳动法》第96条

第三章　姓名权和名称权

第一千零一十二条　【姓名权】自然人享有姓名权,有权依法决定、使用、变更或者许可他人使用自己的姓名,但是不得违背公序良俗。

条文注解

姓名是一个自然人在社会中区别于其他人的标志和符号。姓名对于社会中的自然人来说意义极为重大。一是社会生活的需要。二是具有一定身份定位的功能。姓名由姓氏和名字组成。三是具有重要的法律意义。从民法的角度来讲,一个自然人拥有姓名后以姓名为标记,使自己与社会中的其他成员相区别,享受权利,承担义务,如可以使自己签订合同、行使所有权等权利更为简单容易;可以使自己的尊严得到更好的彰显,个性可以得到更好的发展,个人的名誉可以得到更好的维护;等等。本条规定包含以下几层含义:一是姓名权的主体只能是自然人。我国的民事主体包括自然人、法人和非法人组织三类。法人或者非法人组织享有的是名称权,不享有姓名权,姓名权专属于自然人。二是任何一个自然人都享有姓名权。每个自然人自出

生之时就享有这种权利，有权依法决定、使用、变更或者许可他人使用自己的姓名，任何组织和个人都无权剥夺自然人的权利，也不得以干涉、盗用、假冒等方式侵害自然人的姓名权。三是任何一个自然人都平等地享有姓名权。自然人对姓名权的享有不因民族、性别、年龄等因素的不同而有差别，也不因民族、性别、年龄等因素的不同而受到不同保护。根据本条的规定，姓名权的内容主要包括四项权能：一是决定姓名的权能。二是使用姓名的权能。三是变更姓名的权能。四是许可他人使用自己的姓名的权能。

关联法规

《反不正当竞争法》第 6 条，《刑事诉讼法》第 64 条，《最高人民法院关于审理不正当竞争民事案件应用法律若干问题的解释》第 6、7 条

第一千零一十三条　【名称权】法人、非法人组织享有名称权，有权依法决定、使用、变更、转让或者许可他人使用自己的名称。

条文注解

名称是法人或者非法人组织在社会活动中用以代表自己并区别于其他法人或者非法人组织的文字符号和标记。其功能与意义和自然人的姓名类似，是法人或者非法人组织区别于其他民事主体的重要标识，是法人或者非法人组织从事民事活动的前提和基础。任何合法设立的法人或者非法人组织都享有名称权。本条规定，法人、非法人组织享有名称权，有权依法决定、使用、变更、转让或者许可他人使用自己的名称。根据该规定，名称权的内容包括以下五个方面：一是决定名称的权能。二是使用名称的权能。三是变更名称的权能。四是

转让名称的权能。五是许可使用的权能。

关联法规

《农民专业合作社法》第12、56条,《反不正当竞争法》第6条,《企业名称登记管理规定》第3、6、7、9、10、13条,《公司登记管理条例》第11、26条,《企业法人登记管理条例》第10条,《个体工商户条例》第8条,《农民专业合作社登记管理条例》第6条,《社会团体登记管理条例》第8、10、23条,《民办非企业单位登记管理暂行条例》第2、8条,《外国企业常驻代表机构登记管理条例》第10条,《最高人民法院关于审理不正当竞争民事案件应用法律若干问题的解释》第6条,《最高人民法院关于审理注册商标、企业名称与在先权利冲突的民事纠纷案件若干问题的规定》第2~4条

第一千零一十四条 【姓名权或名称权不得被非法侵害】任何组织或者个人不得以干涉、盗用、假冒等方式侵害他人的姓名权或者名称权。

条文注解

自然人对自己的姓名享有姓名权,法人、非法人组织对自己的名称享有名称权。自然人享有的姓名权不仅体现在对姓名有权依法决定、使用、变更或者许可他人使用方面,学理上称为姓名权的积极权能;还体现在任何组织或者个人不得以干涉、盗用、假冒等方式侵害他人的姓名权,学理上称为姓名权的消极权能。同理,法人、非法人组织享有的名称权也体现在这两个方面。本章在前两条分别对姓名权和名称权的积极权能作了规定,为了更好地保护姓名权人和名称权人的权益,本条对姓名权和名称权的消极权能也作了规定,延续了我国现

行法律和司法解释的规定。本条列举了三种实践中较为典型的侵害姓名权或者名称权的行为，但侵害姓名权或者名称权的行为不限于这三种，例如，将他人的姓名作为商品名称或者作为某一动物的名称等不正当使用姓名的行为。基于此，本条在非法干涉、盗用、假冒外加了个“等”字。

关联法规

《反不正当竞争法》第 6 条，《英雄烈士保护法》第 22、23 条，《网络安全法》第 41~45、76 条，《最高人民法院关于审理商标授权确权行政案件若干问题的规定》第 20 条，《最高人民法院关于确定民事侵权精神损害赔偿责任若干问题的解释》第 3 条，《最高人民法院关于审理注册商标、企业名称与在先权利冲突的民事纠纷案件若干问题的决定》第 1~4 条

第一千零一十五条　【自然人选取姓氏】自然人应当随父姓或者母姓，但是有下列情形之一的，可以在父姓和母姓之外选取姓氏：

（一）选取其他直系长辈血亲的姓氏；

（二）因由法定扶养人以外的人扶养而选取扶养人姓氏；

（三）有不违背公序良俗的其他正当理由。

少数民族自然人的姓氏可以遵从本民族的文化传统和风俗习惯。

第一千零一十六条　【姓名、名称的登记及其变更不影响之前民事法律行为效力】自然人决定、变更姓名，或者法人、非法人组织决定、变更、转让名称的，应当依法向有关机关办理登记手续，但是法律另有规定的除外。

民事主体变更姓名、名称的，变更前实施的民事法律行为对其具有法律约束力。

条文注解

本条是关于民事主体决定、变更姓名、名称或者转让自己名称应当遵守的法定程序以及产生的法律效力。自然人的姓名的决定关系到该自然人参与社会经济生活，特别是涉及从事民事法律行为的问题，因此，自然人决定姓名除需要以有民事行为能力为前提外，还需要遵循法定的程序，办理法定的手续。考虑到法人、非法人组织对于社会的影响较大，任何一个国家都会对法人、非法人组织进行管理。为了维护正常的社会秩序和健康的市场经济秩序，我国法律法规以及规章对法人、非法人组织的设定、变更、转让也作了不少规定，设定了一定的程序，特别是登记程序。原则上法人或者非法人组织变更自己的名称或者转让自己的名称都需要进行变更或者转让登记。

自然人的姓名，法人、非法人组织的名称，是民事主体的外在标识，姓名权人或者名称权人以其参与各种民事活动，为自己设定权利义务，对自己、对他人都有重大影响。自然人变更自己的姓名，法人、非法人组织变更自己的名称，都是其外在标识改变，其实质并没有发生改变，其权利义务的归属也不应发生改变，否则会对他人甚至社会公共利益产生重大影响。对此，本条第2款特别规定，民事主体变更姓名、名称的，变更前实施的民事法律行为对其具有法律约束力。

关联法规

《户口登记条例》第18条

第一千零一十七条 【笔名、艺名等的保护】具有一定社会知名度,被他人使用足以造成公众混淆的笔名、艺名、网名、译名、字号、姓名和名称的简称等,参照适用姓名权和名称权保护的有关规定。

条文注解

姓名是自然人区别于他人的特定符号和标识,名称是法人、非法人组织区别于其他民事主体的特定符号和标识。姓名和名称都有狭义和广义之分,狭义的姓名是某一自然人的正式姓名(在国家户口登记机关登记的法定姓名),狭义的名称是某一法人、非法人组织的正式名称(在国家相关机关登记的名称),广义上的姓名和名称除包括正式姓名和正式名称外,还包括笔名、艺名、网名、译名、字号、姓名和名称的简称等。在不少情况下,这些笔名、艺名、网名、译名、字号、姓名和名称的简称等也能够起到确定和代表某一自然人或者法人、非法人组织的作用,能够体现民事主体的人格特征。这些笔名、艺名、网名、译名、字号、姓名和名称的简称等若被他人滥用或者导致他人混淆,也会有损自然人的人格尊严,对该民事主体造成重大损害。因此,保护笔名、艺名、网名、译名、字号、姓名和名称的简称等,有利于更好地保护民事主体的人格利益。但是笔名、艺名、网名、译名、字号、姓名和名称的简称等毕竟不是登记的正式姓名或者名称,并非任何笔名、艺名、网名、译名、字号、姓名和名称的简称等都应当受到保护,只有满足一定条件的笔名、艺名、网名、译名、字号、姓名和名称的简称等才受法律保护:一是具有一定社会知名度或者为相关公众所知悉;二是被他人使用足以造成公众混淆的。基于此,本条规定,具有一定社会知名度,被他人使用足以造成公众混淆的笔名、艺名、网名、译名、字号、姓名和名称的简称等,参照适用姓名和名称保护的相关规定。

与对正式姓名或者名称的保护相比,对笔名、艺名、网名、译名、字号、姓名和名称的简称等的保护既有相同点，也具有不同点。相同点：一是对正式姓名或者名称的使用不得违反法律、行政法规的强制性规定，不得违背公序良俗；对笔名、艺名、网名、译名、字号、姓名和名称的简称等的使用也不得违反法律、行政法规的强制性规定，不得违背公序良俗。二是任何组织或者个人都不得以干涉、盗用或者假冒等方式侵害。不同点：一是对正式姓名或者名称的保护，不需要具有一定社会知名度，被他人使用足以造成公众混淆等条件的限制。也就是说，自然人或者法人、非法人组织经过登记的正式姓名或者名称都受法律保护，任何组织或者个人都不得干涉、盗用或者假冒。对笔名、艺名、网名、译名、字号、姓名和名称的简称等的保护，则需要受具有一定社会知名度、被他人使用足以造成公众混淆等条件的限制。二是自然人决定、变更正式姓名，法人、非法人组织变更、转让名称、简称、字号等，都需要登记；而自然人决定、变更自己的笔名、艺名、网名等，原则上不需要经过登记。还有一个涉及自然人艺名的归属问题，即艺名是归艺人所有还是归艺人所在的公司所有。考虑到艺名是针对特定自然人的，其他民事主体盗用、假冒艺名直接损害的是特定自然人的利益，因此，艺名应当属于使用该艺名的自然人。

关联法规

《反不正当竞争法》第6条，《最高人民法院关于审理商标授权确权行政案件若干问题的规定》第20条，《最高人民法院关于不正当竞争民事案件应用法律若干问题的解释》第6条

第四章　肖　像　权

第一千零一十八条　【肖像权】自然人享有肖像权，有权依法制作、使用、公开或者许可他人使用自己的肖像。

肖像是通过影像、雕塑、绘画等方式在一定载体上所反映的特定自然人可以被识别的外部形象。

条文注解

肖像与姓名、名称一样，都是民事主体的外在表征，彰显民事主体的社会存在。从理论上划分，肖像权与姓名权、名称权一样，都属于标表型人格权，是民事主体不可缺少的一种具体人格权。随着社会的发展和科学技术的进步，特别是手机摄影技术、传播技术和名人现象的发展，肖像越来越容易被获取，其具有的商业价值也越来越巨大（公众人物的肖像就更是如此），肖像被他人以非法利用等手段加以侵害的情形越来越多，因此而产生的纠纷也越来越多。根据本条第1款的规定，任何自然人都享有肖像权，肖像权的内容包括四个方面：一是依法制作自己肖像的权能。二是依法使用肖像的权能。三是依法公开肖像的权能。四是许可他人使用肖像的权能。

根据本条第2款的规定，肖像只有再现在一定载体上才具有法律意义。但是否制作自己的肖像是肖像权人的权利，肖像权人有权根据自己的需要或者他人的需要，自己或者许可他人通过影像、雕塑、绘画等方式制作自己的肖像，任何组织或者个人都不得干涉或者侵犯。

关联法规

《妇女权益保障法》第42条，《广告法》第33条，《涉外民事关系法律适用法》第46条，《最高人民法院关于审理利用信息网络侵害人

身权益民事纠纷案件适用法律若干问题的规定》第1条

第一千零一十九条　【肖像权消极权能】任何组织或者个人不得以丑化、污损，或者利用信息技术手段伪造等方式侵害他人的肖像权。未经肖像权人同意，不得制作、使用、公开肖像权人的肖像，但是法律另有规定的除外。

未经肖像权人同意，肖像作品权利人不得以发表、复制、发行、出租、展览等方式使用或者公开肖像权人的肖像。

条文注解

肖像权作为自然人享有的一种重要人格权，具有人格权共有的绝对性、专属性、排他性等特征，肖像权人对其肖像既享有依法制作、使用、公开或者许可他人使用的权利，也享有排除他人侵害的权利。任何组织或者个人都不得以任何形式侵害肖像权人的肖像权。本条从三个方面对禁止任何组织或者个人侵犯他人肖像权的情形作了规定：一是任何组织或者个人不得以丑化、污损或者利用信息技术手段伪造等方式侵害他人的肖像权。二是未经肖像权人同意，不得制作、使用、公开肖像权人的肖像，但是法律另有规定的除外。三是未经肖像权人同意，肖像作品权利人不得以发表、复制、发行、出租、展览等方式使用或者公开肖像权人的肖像。

关联法规

《妇女权益保障法》第42条，《精神卫生法》第4条，《英雄烈士保护法》第22条，《艾滋病防治条例》第39条

第一千零二十条　【肖像权的合理使用】合理实施下列行为的，可以不经肖像权人同意：

（一）为个人学习、艺术欣赏、课堂教学或者科学研究，在必要范围内使用肖像权人已经公开的肖像；

（二）为实施新闻报道，不可避免地制作、使用、公开肖像权人的肖像；

（三）为依法履行职责，国家机关在必要范围内制作、使用、公开肖像权人的肖像；

（四）为展示特定公共环境，不可避免地制作、使用、公开肖像权人的肖像；

（五）为维护公共利益或者肖像权人合法权益，制作、使用、公开肖像权人的肖像的其他行为。

条文注解

肖像权是自然人享有的一项重要人格权。但同其他民事权利一样，这项人格权并非绝对的权利。肖像不仅对本人意义重大，对他人甚至对全社会都具有重大价值，一些正常的社会活动都离不开对他人肖像的合理使用，如果任何制作、使用、公开肖像的行为都需要经过权利人同意，会给正常的社会活动带来影响，甚至影响公共利益。因此，法律应当在保护个人肖像权和保护社会公共利益间进行平衡和协调。《民法典》在强调加强对肖像权保护的同时，也设置了肖像权保护的例外情形。在这些例外情形下，制作、使用、公开肖像权人的肖像并不会构成侵权。这些例外情形除《民法典》总则编“民事责任”一章和侵权责任编规定的正当防卫、紧急避险、自助行为、不可抗力、当事人同意等一般的免责事由外，还有本条规定的几类特殊免责事由，也可以说是合理使用情形。规定这几类合理使用情形，既是基于肖像权人本身利益的需要，也是保护社会公共利益的需要。需要强调的是，即使构成本条规定的五种情形之一，也必须合理实施制作、使用、公开他人肖像的行为。因此，本条开宗明义就规定，合理实施下列行为的，才可以不经肖像权人同意。

第一千零二十一条　【肖像许可使用合同解释规则】当事人对肖像许可使用合同中关于肖像使用条款的理解有争议的，应当作出有利于肖像权人的解释。

第一千零二十二条　【肖像许可使用合同解除权】当事人对肖像许可使用期限没有约定或者约定不明确的，任何一方当事人可以随时解除肖像许可使用合同，但是应当在合理期限之前通知对方。

当事人对肖像许可使用期限有明确约定，肖像权人有正当理由的，可以解除肖像许可使用合同，但是应当在合理期限之前通知对方。因解除合同造成对方损失的，除不可归责于肖像权人的事由外，应当赔偿损失。

条文注解

这两条规定的都是肖像许可使用合同，但实际上都涉及对肖像的经济利用问题。对肖像权、姓名权、名称权等标表型人格权进行经济利用是现实发展的需要，也是新型人格权发展的需要，规定这些内容恰恰是为了更好地规范这个问题。

第1021条规定，当事人对肖像许可使用合同中关于肖像使用条款的理解有争议的，应当作出有利于肖像权人的解释。这与一般合同的解释规则是不同的。之所以作出这样的规定，是为了加强对肖像权的保护。本条中规定的“关于肖像使用条款的理解有争议”，是指因合同条款的内容模糊不清等原因导致双方理解不一，发生争议的情况，并非当然是指对肖像许可的范围、方式等约定不明确。

第1022条针对肖像许可使用合同的使用期限问题作了特别规定。根据该条第1款的规定，当事人对肖像许可使用期限没有约定或者约定不明确的，任何一方当事人可以随时解除肖像许可使用合同，但是应当在合理期限之前通知对方。这实际上赋予了双方当事人在肖像许可使用合同对肖像许可使用期限没有约定或者约定不明确的情况下任意解除合同的权利，但任何一方当事人行使这种任意解除权，应当在合理期限之前通知对方当事人，至于“合理期限”有多长，应当根据个案处理。第2款规定，当事人对肖像许可使用期限有明确约定，肖像权人有正当理由的，可以解除肖像许可使用合同。这实际上赋予了肖像权人在许可使用期限即使约定明确的情况下，也可以单方解除肖像许可使用合同的权利。赋予肖像权人单方解除权也是为了更好地保护肖像权人的人格利益。但肖像权人行使这种单方解除权是有条件限制的：一是要有正当理由，这种正当理由既可以是《民法典》合同编第563条规定的情形，也可以是第563条规定情形之外的其他正当理由，例如，被许可使用人的违约行为即使不构成第563条所规定的重大违约，只是一般违约，肖像权人也可以单方解除合同。二是肖像权人行使单方解除权应当在合理期限之前通知对方，以便让对方当事人有一定的准备和缓冲时间。三是肖像权人因解除合同造成对方损失的，除不可归责于肖像权人的事由外，应当赔偿损失。

第一千零二十三条　【姓名许可和声音保护的参照适用】对姓名等的许可使用，参照适用肖像许可使用的有关规定。

对自然人声音的保护，参照适用肖像权保护的有关规定。

条文注解

本条是关于姓名的许可使用和对声音保护的规定。姓名、名称与肖像一样都是民事主体的外在标识和特征，从理论上来讲，都属于标表型人格权。这些标表型人格权的客体都具有一定的经济价值，可以被许可使用。本条第1款规定，对姓名等的许可使用，参照适用肖像许可使用的有关规定。之所以在“姓名”后加个“等”字，主要是考虑还有名称等也可以被许可使用。之所以规定“参照”适用肖像许可使用的有关规定，而非直接适用肖像许可使用的有关规定，主要是考虑姓名、名称与肖像虽都可以被许可使用，但毕竟是不同的人格权，还存在不同之处。声音虽还不足以构成一种具体的人格权，但若对声音一概不予保护，任由他人随意复制、模仿、伪造特定自然人的声音，确有可能对该自然人的人格尊严造成较大的损害，特别是随着人工智能技术和大数据技术的发展，利用信息技术手段“深度伪造”他人声音的情形不但会严重损害该自然人的人格尊严，而且具有极大的社会危害性。

本条第2款规定，对自然人声音的保护，参照适用肖像权保护的有关规定。根据该规定，对自然人的声音应当加以保护，但受到保护的声音应当足以识别到特定自然人，且考虑到声音毕竟还不能构成一种具体人格权，所以只能参照适用肖像权保护的规则，不能完全适用肖像权保护的规则。单纯模仿他人的声音并不构成侵权。

第五章　名誉权和荣誉权

第一千零二十四条　【名誉权】民事主体享有名誉权。任何组织或者个人不得以侮辱、诽谤等方式侵害他人的名誉权。

名誉是对民事主体的品德、声望、才能、信用等的社会评价。

条文注解

本条第1款规定,任何组织或者个人不得以侮辱、诽谤等方式侵害他人的名誉权。在判断某一行为是否构成侵害名誉权时,需要注意以下几点:一是受害人的社会评价是否降低,没有受害人社会评价的降低,就不存在名誉权受损害的问题。受害人社会评价是否降低,应当以社会一般人的评价为标准进行判断,不能仅以受害人自己的主观感受为标准。二是如果行为人发布的信息或者所做的陈述真实客观,且没有包含侮辱性的内容,即使受害人认为自己的名誉受到了损害,也不构成名誉权侵权。三是行为人侵害他人名誉权的行为需要受害人以外的人知悉。四是行为人的行为具有过错,名誉权侵权属于一般侵权行为,因此,行为人的过错也是这种侵权的构成要件,这种过错既表现为故意,也表现为过失。

本条第2款规定,名誉是对民事主体的品德、声望、才能、信用等的社会评价,也就是社会公众对民事主体的评价。如果行为人的侵害行为没有被受害人以外的人所知悉,其社会评价就不存在降低或者受损的问题,自然也就不存在名誉权受损害的问题。需要注意的是,传播了虚假的事实、造成受害人的社会评价降低是构成名誉权侵权必须具备的两个要件。否则,虽然传播了虚假事实,并未因此导致他人社会评价降低的,不构成侵害名誉权的侵权行为。

关联法规

《妇女权益保障法》第42条,《治安管理处罚法》第42条,《英雄烈士保护法》第22条,《检察官法》第66条,《法官法》第65条,《公务员法》第110条,《红十字会法》第27条,《网络安全法》第12条,《国家赔偿法》第35条

第一千零二十五条 【名誉权的限制】行为人为公共利益实施新闻报道、舆论监督等行为，影响他人名誉的，不承担民事责任，但是有下列情形之一的除外：

（一）捏造、歪曲事实；

（二）对他人提供的严重失实内容未尽到合理核实义务；

（三）使用侮辱性言辞等贬损他人名誉。

条文注解

新闻报道，是指报纸、刊物、广播、电视等大众传媒及时将新闻事实予以公开和传播的行为，其是新闻单位对新近发生的事实的报道，这些事实包括政治、经济、军事、外交等社会公共事务以及社会突发事件。舆论监督，是指社会公众运用各种传播媒介对社会运行过程中出现的现象表达信念、意见和态度，对各种违法违纪行为所进行的揭露、报道、评论或者抨击的行为。本条规定，行为人为公共利益实施新闻报道、舆论监督等行为，影响他人名誉的，不承担民事责任。主要考虑的是：新闻报道涉及社会利益与公众利益，关系到党和国家新闻事业、新闻媒体社会责任以及新闻工作者的权利，关系到言论自由等宪法权利，还关系到人民的知情权。并且，新闻报道具有激浊扬清、针砭时弊等非常重要的社会功能。国家对新闻报道的要求、法律对新闻报道的要求，就是内容的真实性和客观性。需要特别强调的是，本条虽对实施新闻报道、舆论监督等行为规定了特别保护条款，但是实施新闻报道、舆论监督等行为并非在任何情况下都不承担民事责任。若具有本条列举的三种情形之一的，实施新闻报道、舆论监督等行为的行为人仍应当承担民事责任。

关联法规

《宪法》第35条，《最高人民法院关于审理利用信息网络侵害人身

权益民事纠纷案件适用法律若干问题的规定》第11条

第一千零二十六条　【合理核实义务的认定因素】认定行为人是否尽到前条第二项规定的合理核实义务,应当考虑下列因素:

(一)内容来源的可信度;

(二)对明显可能引发争议的内容是否进行了必要的调查;

(三)内容的时限性;

(四)内容与公序良俗的关联性;

(五)受害人名誉受贬损的可能性;

(六)核实能力和核实成本。

条文注解

行为人为公共利益实施新闻报道、舆论监督等行为时,对他人提供的基本内容应当履行合理核实义务;若对他人提供的严重失实内容未尽到合理核实义务,则可能会承担民事责任。可见,对他人提供的信息尽合理核实义务是从事新闻报道等行为的行为人的职业道德和法定义务。对如何判断行为人是否履行了合理核实义务,本条列举了前述六项应当考虑的因素,但在实践中进行判断时并非要考虑所有因素,至于到底要考虑几项因素以及哪几项因素,应当根据具体情况来决定。此外,本条规定的因素仍然是较为抽象的,需要在个案中结合具体情况进行判断;同时,本条规定的六项因素也为实践中的案例类型化和司法实践提炼更具体的规则提供了依据和基础。

第一千零二十七条　【作品侵害名誉权】行为人发表的文学、艺术作品以真人真事或者特定人为描述对象,含有侮辱、诽谤内容,侵害他人名誉权的,受害人有权依法请求该行为人承担民事责任。

行为人发表的文学、艺术作品不以特定人为描述对象,仅其中的情节与该特定人的情况相似的,不承担民事责任。

条文注解

国家对于从事教育、科学、技术、文学、艺术和其他文化事业的公民的有益于人民的创造性工作，给以鼓励和帮助。文学艺术作品来自生活，依托于现实，但往往又高于生活，具有一定的虚构性。本条区分两种情况并作了规定：第 1 款是行为人发表的文学、艺术作品以真人真事或者特定人为描述对象的情形。这主要是针对依赖于原型人物和现有事实创作出来的纪实类作品。由于这类作品是以真人真事或者特定人为描述对象，所以只要作品的描述以事实为基础，原则上不会构成名誉权侵权；但是，若行为人发表的文学、艺术作品虽以真人真事或者特定人为描述对象，使用的也是被描述对象的真实姓名、真实地址，却以谣言和捏造的事实为基础，对被描述对象进行侮辱、诽谤，从而造成其社会评价降低的，作者也应当依法承担民事责任，需要强调的是，第 1 款规定的前提条件是该作品已被公开。第 2 款是行为人发表的文学、艺术作品不以特定人为描述对象的情形。这主要是针对作者创作的以想象虚构为主的小说等文学艺术类作品。由于这类作品是以想象虚构的内容为基础创作的，没有使用真人真事，并不是以特定人为描述对象，所以就很难对某人的名誉权造成侵害，即使是该作品中的情节与某特定人的情况相似的，也不构成侵害名誉权。

关联法规

《宪法》第 47 条

第一千零二十八条　【媒体报道内容失实侵害名誉权的补救】民事主体有证据证明报刊、网络等媒体报道的内容失实，侵害其名誉权的，有权请求该媒体及时采取更正或者删除等必要措施。

条文注解

报刊、网络等媒体的报道具有传播速度快、传播范围广、传播影响大等特点，再加上报刊、网络等媒体进行新闻报道时往往又要追求时效性、爆炸性等效果，因此，其报道的内容一旦失实，造成的后果将是十分严重的，对涉及的民事主体的名誉影响也是巨大的。因此，发现报刊、网络等媒体的报道失实后，采取措施及时切断这些失实报道内容的传播就极为必要。实践中，报刊、网络等媒体自己发现报道内容失实，自己及时采取措施进行更正是理所当然的；若自己发现报道失实后，还不采取措施更正的，就是明知报道失实还仍然报道，构成了恶意，对他人名誉造成损害的，应当承担侵权责任。根据本条的规定，名誉权人有权请求媒体对不实报道内容进行更正或者删除，但前提是其有证据证明该媒体报道的内容是失实的。若名誉权人没有证据证明媒体的报道失实，其无权要求媒体进行更正。同时，本条规定与人格权编第1025条规定相衔接。

关联法规

《出版管理条例》第27条

第一千零二十九条　【信用评价】民事主体可以依法查询自己的信用评价；发现信用评价不当的，有权提出异议并请求采取更正、删除等必要措施。信用评价人应当及时核查，经核查属实的，应当及时采取必要措施。

条文注解

信用，是指对一个民事主体履行义务能力，特别是经济能力的一种社会评价。所谓信用评价，是银行等信用评估机构对借款人等民事主体的信用情况进行评估的一种活动。信用评价会对一个民事主体的名誉造成重大影响，所以信用评估机构只有依照法律、行政法规的规定或者经信用评估结果涉及的民事主体同意，才能向其他机构和部门出示信用评价结果。民事主体也有权依法查询自己的信用评价结果，信用评估机构不得拒绝该民事主体查询自己的信用评价结果的要求。民事主体通过自己查询等方法发现信用评价不当的，有权向信用评估机构提出异议并要求采取更正、删除等必要措施。当然，民事主体请求信用评估机构采取更正、删除等必要措施时，应当提供相应的证据证明该信用评价结果不当。信用评估机构接到民事主体的异议和更正、删除等请求后，信用评价人应当及时对民事主体提供的证据进行核查，经核查属实的，应当及时采取更正、删除等必要措施。若信用评估机构接到民事主体的请求后，不进行核查，或者经核查属实后并未采取更正、删除等必要措施的，就构成过错，应当对民事主体承担侵害名誉权的民事责任。对于信用评估机构采取更正、删除等必要措施前对民事主体造成的名誉权损害，其是否承担民事责任，关键是看信用评估机构对形成不当的信用评价是否有过错，从原则上来讲，信用评估机构有过错的，其就应当对损害后果承担民事责任。

关联法规

《征信业管理条例》第17、25条

第一千零三十条　【民事主体与信用信息处理者之间关系的法律适用】民事主体与征信机构等信用信息处理者之间的关系，适用本编有关个人信息保护的规定和其他法律、行政法规的有关规定。

条文注解

名誉权人的信用是社会公众对其经济能力的评价和信赖，其对于名誉权人的影响重大。正因如此，信用评估应当具有客观性和公正性，不应带有任何偏见。要确保信用评估的客观性和公正性，信用评估就必须建立在真实的信用信息基础上。因此，信用评估人在对某民事主体进行信用评估前应当尽量全面准确地掌握该民事主体的资产状况、还债记录等信用信息，这是进行信用评估的前提和基础。

信用信息属于民事主体的个人信息。考虑到个人信息在现代社会对于个人的重要性和易受侵害性，我国加强了对个人信息的保护，本编第六章和《网络安全法》《消费者权益保护法》《电子商务法》《征信业管理条例》等多部法律法规对个人信息的保护问题作了规定。征信机构等信用信息处理者在处理信用信息时，也应当遵守这些规则。

第一千零三十一条 【荣誉权】民事主体享有荣誉权。任何组织或者个人不得非法剥夺他人的荣誉称号，不得诋毁、贬损他人的荣誉。

获得的荣誉称号应当记载而没有记载的，民事主体可以请求记载；获得的荣誉称号记载错误的，民事主体可以请求更正。

条文注解

本条第1款规定了荣誉是国家和社会对在社会生产生活中作出突出贡献或者有突出表现的民事主体所给予的积极的正式评价。荣誉的外在表现形式可以是物质奖励，如奖金、奖杯、奖牌；也可以是精神奖励，如光荣称号等。授予荣誉的主体可以是政府，也可以是单位，还可以是社会组织。荣誉权就是民事主体对自己所获得的荣誉及其利益所享有的保持、支配的权利。荣誉是政府、单位或者社会组织依据一定程序授予民事主体的一种正式评价，若没有正当理由且没有通过严格的程序，这种正式评价不能被剥夺。任何组织或者个人若对某民事主体所获得的荣誉有异议，都应当通过一定程序向荣誉授予机关提出，由授予机关通过严格程序作出是否撤销或者剥夺该民事主体所获荣誉的决定。除此之外，任何组织或者个人都不得非法剥夺他人的荣誉称号。任何组织或者个人诋毁、贬损他人荣誉的，应当依法承担民事责任。此外，荣誉权不仅包括精神利益，还附随着一定的物质利益，如奖金、奖品等。民事主体有权获得因其荣誉所产生的物质利益，禁止任何组织或者个人非法剥夺民事主体因其荣誉产生的物质利益。

本条第2款规定了两种损害民事主体荣誉权的特殊情形：一是民事主体获得的荣誉称号应当记载而没有记载的情形。荣誉称号是民事主体享有荣誉权的主要表现形式和载体。荣誉称号应当被相关单位载入民事主体的档案等正式材料中，这是对民事主体荣誉的承认，对其荣誉权的尊重。但是，实践中，民事主体的荣誉称号也存在没有被记载的情形，这实际上变相剥夺了民事主体的荣誉称号，实质上损害了民事主体的荣誉权。二是民事主体获得的荣誉称号被记载错误的情形。荣誉称号是荣誉权的重要体现，若被错误记载，将对荣誉权人的荣誉造成贬损，损害民事主体的荣誉权。因此，相关单位有义务准确记载民事主体的荣誉称号。荣誉权人发现自己的荣誉称号被错误记载的，也有权请求义务人予以更正。

关联法规

《妇女权益保障法》第42条，《英雄烈士保护法》第22条，《预备役军官法》第3、4、10、61条，《教师法》第33条

第六章　隐私权和个人信息保护

第一千零三十二条　【隐私权】自然人享有隐私权。任何组织或者个人不得以刺探、侵扰、泄露、公开等方式侵害他人的隐私权。

隐私是自然人的私人生活安宁和不愿为他人知晓的私密空间、私密活动、私密信息。

条文注解

本条从两个层面对隐私权作了规定。第1款明确确认了任何一个自然人均享有隐私权。根据该规定,享有隐私权的只能是自然人,法人、非法人组织不能享有隐私权。隐私是与一个人精神利益和人格尊严联系在一起的,其涉及一个人的私生活安宁和独处的利益,法人、非法人组织作为一个组织体,其不可能产生这种需求,不需要通过隐私权制度来保护其秘密。对于法人、非法人组织的商业秘密,可以通过《反不正当竞争法》等法律制度来加以保护。基于此,本条没有规定法人、非法人组织享有隐私权。自然人对隐私的权利,主要体现在以下几个方面:一是隐私享有权,即自然人有权对自己的私密信息、私密活动和私密空间进行隐匿,有权享有生活安宁状态,有权保护自己的隐私不受他人的非法披露和公开,禁止任何个人和组织非法披露、公开。二是隐私维护权,即自然人维护自己的隐私不受侵犯的权利。在自己的隐私权受到侵害后,有权直接请求行为人停止侵害、排除妨碍,也有权请求司法机关予以保护。三是隐私公开权,即自然人在法律和公序良俗所允许的范围内有权公开自己的隐私。公开的方式可以是自己亲自公开,也可以是允许他人公开,但需要强调的是,他人公开自然人的隐私,必须经权利人明确同意。

本条第2款对隐私的定义进行了界定。界定隐私是规定隐私权的前提和基础。隐私包括四部分内容:一是私人生活安宁。二是私密空间。三是私密活动。四是私密信息。实践中,判断自然人的某一具体事物或者事务是否为隐私,是较为困难的事情,一般来说,可以从三个方面进行判断:一是私人性,不属于自然人私人的事物或者状态不属于隐私。二是主客观相结合性。三是发展性。从隐私发展史来看,隐私的范围和内容并非一成不变,它是随着社会的变迁而不断发展变化的。

第一千零三十三条　【隐私权侵害行为】除法律另有规定或者权利人明确同意外，任何组织或者个人不得实施下列行为：

（一）以电话、短信、即时通讯工具、电子邮件、传单等方式侵扰他人的私人生活安宁；

（二）进入、拍摄、窥视他人的住宅、宾馆房间等私密空间；

（三）拍摄、窥视、窃听、公开他人的私密活动；

（四）拍摄、窥视他人身体的私密部位；

（五）处理他人的私密信息；

（六）以其他方式侵害他人的隐私权。

条文注解

隐私权是一种重要的人格权，根据本法第1032条第1款的规定，自然人享有隐私权。任何组织或者个人不得以刺探、侵扰、泄露、公开等方式侵害他人的隐私权。本条在前条规定的基础上，进一步明确规定，除法律另有规定或者权利人明确同意外，任何组织或者个人不得实施下列行为：一是以电话、短信、即时通讯工具、电子邮件、传单等方式侵扰他人的私人生活安宁。这是对前条所规定的隐私中私人生活安宁的保护。二是进入、拍摄、窥视他人的住宅、宾馆房间等私密空间。住宅、宾馆房间等私密空间是自然人隐私的核心部分。实践中，进入、拍摄、窥视他人的住宅、宾馆房间等私密空间是三种最为典型的侵犯隐私的行为。这里的"进入"是指未经权利人明确同意或者没有法律授权擅自闯入他人住宅或者他人居住的宾馆房间。这里的"拍摄"是指非法通过手机、相机或者通过在住宅或者宾馆房间安装摄像头等设备将他人住宅或者他人所居住的宾馆内的人、物、布局、摆设等记录下来。这里的"窥视"是指非法暗中观察、偷看他人的住宅或者宾馆房间。非法进入、拍摄、窥视他人住宅、宾馆房间等私密空间，会对自然人的隐私权造成较为严重的侵害,也会对社会秩序造成较大破坏。三是拍摄、窥视、窃听、公开他人的私密活动。在现实生活中,每个人每天都会从事各种各样的社会活动,其中不少社会活动都是其不愿为他人所知晓的私密活动,特别是有的私密活动一旦被他人窥视、窃听,其将处于恐惧当中,个人人格尊严也将受到严重侵害。所以在现代社会,每一个人都有权依法进行各种各样的社会活动,国家也有责任保证每个公民的私密活动不受非法侵扰,这既是个人自由权的体现,也是现代文明的标志。四是拍摄、窥视他人身体的私密部位。自然人身体的私密部位属于其私密空间的范围,身体的私密部位对于自然人来讲都极为敏感,一旦被暴露于外,将是对自然人的极大羞辱。五是处理他人的私密信息。每个自然人都拥有不少私密信息,这些私密信息可能涉及该自然人的财产状况,既可能涉及其社交状况,也可能涉及其生理状况,还可能涉及其身世经历,等等。这些私密信息都是自然人不愿公开或者不愿为他人所知晓的信息。违背当事人意愿处理其私密信息构成对隐私权的侵犯。

关联法规

《宪法》第39条,《刑事诉讼法》第136条,《刑法》第245条,《监察法》第24条,《反间谍法》第32条,《治安管理处罚法》第42、48条,《人民警察法》第12、22条,《人民武装警察法》第19条,《外交特权与豁免条例》第4条,《保安服务管理条例》第25条

第一千零三十四条　【个人信息的定义】自然人的个人信息受法律保护。

个人信息是以电子或者其他方式记录的能够单独或者与其他信息结合识别特定自然人的各种信息,包括自然人的姓名、出生日

期、身份证件号码、生物识别信息、住址、电话号码、电子邮箱、健康信息、行踪信息等。

个人信息中的私密信息，适用有关隐私权的规定；没有规定的，适用有关个人信息保护的规定。

条文注解

本条第1款采用了“个人信息受法律保护”的表述，主要考虑是：个人信息受保护的权利与其他人格权在考量因素上有所不同，个人信息的保护要适当平衡信息主体的利益与数据共享利用之间的关系。

根据本条第2款的规定，构成个人信息要满足三个要件：一是具有识别性，这是核心要件。所谓识别，就是通过该信息可以直接或者间接地将某一自然人“认出来”。识别包括直接识别和间接识别，所谓直接识别，是指通过该信息可以直接确认某一自然人的身份，不需要其他信息的辅助，如某人的身份证号、基因信息等；所谓间接识别，是指通过该信息虽不能直接确定某人的身份，但可以借助其他信息确定某人的身份。任何可以直接或者间接识别特定自然人的信息都是个人信息。二是要有一定的载体，这是个人信息的形式要件。个人信息必须以电子或者其他方式记录下来，没有以一定载体记录的信息不是个人信息。三是个人信息的主体只能是自然人，法人或者非法人组织不是个人信息的主体。个人信息类型众多，包括但不限于自然人的身份信息、生理信息、社会信息、财产信息等，本款列举的具体个人信息只是最为典型也最为常见的类型，现实生活中的具体个人信息远不止列举的类型。与现行网络安全法列举的个人信息的情形相比，本条增加了电子邮箱、行踪信息、健康信息等类型，这是为了让个人信息的定义能够更加适应互联网时代和大数据时代的发展需要。

本条第3款的规定是个人信息权与隐私权的关系。个人信息与隐私确实是两个不同的概念,二者的判断标准、范围、保护方式等都不完全相同。就范围而言,个人信息与隐私存在一定的交叉,个人信息包括私密信息和非私密信息,私密信息既属于个人信息也属于隐私,但是隐私除私密信息之外,还包括私密空间、私密活动和私人生活安宁。按照我国现行规范和国际惯例,个人信息中的私密信息属于隐私的一部分,其受保护的程度也比一般的个人信息更强。正是基于二者的不同,人格权编中"隐私权和个人信息保护"一章对隐私权与个人信息保护分别作了规定。

关联法规

《刑法》第253、285条,《网络安全法》第76条

第一千零三十五条 【个人信息处理的原则和条件】处理个人信息的,应当遵循合法、正当、必要原则,不得过度处理,并符合下列条件:

(一)征得该自然人或者其监护人同意,但是法律、行政法规另有规定的除外;

(二)公开处理信息的规则;

(三)明示处理信息的目的、方式和范围;

(四)不违反法律、行政法规的规定和双方的约定。

个人信息的处理包括个人信息的收集、存储、使用、加工、传输、提供、公开等。

条文注解

对于个人信息的处理直接关系到信息主体的人格尊严,根据本条的规定,处理个人信息应当遵循以下原则:一是合法原则,即信息处理

者处理个人信息必须有合法的依据，且处理的方法应当符合法律的规定。二是正当原则。所谓正当原则，是指处理个人信息除要遵循合法原则外，信息处理的目的和手段还要正当，应当尊重公序良俗和遵守诚实信用原则，并且要尽量满足透明的要求，以便当事人能够充分了解情况，自主行使自己的权利。三是必要原则。所谓必要原则，是指处理个人信息的目的应当特定，处理应当受限制。处理个人信息应当有特定目的，并且应当依据该特定的、明确的目的进行，通常不得超出目的范围处理个人信息，不得处理与实现所涉目的无关的个人信息。四是公开透明原则。所谓公开透明原则，是指信息处理者在处理个人信息时应当公开处理信息的规则，并明示处理信息的目的、方式和范围，确保信息主体享有知情权。

关联法规

《网络安全法》第41条

第一千零三十六条　【处理个人信息免责事由】处理个人信息，有下列情形之一的，行为人不承担民事责任：

（一）在该自然人或者其监护人同意的范围内合理实施的行为；

（二）合理处理该自然人自行公开的或者其他已经合法公开的信息，但是该自然人明确拒绝或者处理该信息侵害其重大利益的除外；

（三）为维护公共利益或者该自然人合法权益，合理实施的其他行为。

条文注解

任何权利的行使都是有其界限的，自然人对个人信息所享有的权益也不例外。本条明确规定了行为人处理个人信息无须承担民事责任的三种情形:一是在该自然人或者其监护人同意的范围内合理实施的行为。自然人或者其监护人同意是处理个人信息行为获得合法性的重要依据,也是自然人处分自己个人信息权益的重要方式。二是合理处理该自然人自行公开的或者其他已经合法公开的信息,但是该自然人明确拒绝或者处理该信息侵害其重大利益的除外。“自然人自行公开”自己的个人信息就是自然人主动将自己的某些个人信息向社会公开,如患者主动向社会公开自己的生病经历,又如某自然人主动向社会公开自己的性取向或者宗教信仰。自然人自行公开自己的个人信息意味着其在一定程度上同意他人对这些个人信息的处理。“其他已合法公开”的个人信息是指除自然人自行公开的以外,以其他合法形式公开的个人信息,如媒体在新闻报道中依法公开的个人信息,国家机关依法公开的个人信息。合理处理这些已公开的个人信息,即使对某自然人造成了影响,行为人原则上也不承担民事责任。三是为维护公共利益或者该自然人合法权益,合理实施的其他行为。这是一个兜底性的规定。公共利益涉及国家利益和不特定多数人的利益,许多国家和地区一般都规定,基于公共利益,可以对权利的行使进行限制。自然人对个人信息享有的权益也不例外。

关联法规

《宪法》第 51 条

第一千零三十七条 【个人信息主体的权利】自然人可以依法向信息处理者查阅或者复制其个人信息;发现信息有错误的,有权提出异议并请求及时采取更正等必要措施。

自然人发现信息处理者违反法律、行政法规的规定或者双方的约定处理其个人信息的,有权请求信息处理者及时删除。

条文注解

自然人对个人信息的查阅复制权,是指信息主体有权查阅其个人信息被处理的情况,并有权对处理的个人信息进行复制。查阅复制权在个人信息保护体系中的地位很重要。自然人要行使自己对个人信息的其他权利,必须首先了解自己的哪些个人信息被处理,以及被处理的情况如何,特别是要能了解在此过程中其个人信息是否被保持得完整准确。个人信息更正权(以下简称更正权),是指信息主体有权请求信息处理主体对不正确、不全面的个人信息进行改正与补充的权利。更正权具体包括:个人信息错误更正权,即对于错误的个人信息,本人有更正的权利;个人信息补充权,即对于遗漏或新发生的个人信息,本人有补充的权利;个人信息更新权是本人要求对于过时的个人信息及时更新的权利。个人信息删除权,是指信息主体在法定或约定的事由出现时,有权请求信息处理者删除其个人信息的权利。

关联法规

《网络安全法》第43条

第一千零三十八条　【信息处理者的信息安全保障义务】信息处理者不得泄露或者篡改其收集、存储的个人信息;未经自然人同意,不得向他人非法提供其个人信息,但是经过加工无法识别特定个人且不能复原的除外。

信息处理者应当采取技术措施和其他必要措施,确保其收集、存储的个人信息安全,防止信息泄露、篡改、丢失;发生或者可能发生个人信息泄露、篡改、丢失的,应当及时采取补救措施,按照规定告知自然人并向有关主管部门报告。

条文注解

本条在现行法律法规的基础上,从三个方面对信息处理者应当履行的安全保护义务作了规定:一是信息处理者不得泄露或者篡改其收集、存储的个人信息;未经自然人同意,不得向他人非法提供个人信息,但是经过加工无法识别特定个人且不能复原的除外。这是对信息处理者自身不得泄露、篡改、非法提供个人信息的要求。信息处理者自己主动泄露、篡改、非法提供个人信息的行为是严重违反安全保护义务的行为,也是一种故意侵犯个人信息权益的行为,不但要承担民事责任,造成严重后果的,还有可能承担刑事责任。二是信息处理者应当采取技术措施和其他必要措施,确保其收集、存储的个人信息安全,防止信息泄露、篡改、丢失。信息处理者除自己不得主动泄露、篡改、非法提供其收集、存储的个人信息外,还要积极采取措施确保其收集、存储的个人信息安全。这要求信息处理者要为个人信息的存储提供必要的安全环境。三是发生或者可能发生个人信息泄露、篡改、丢失的情况的,应当及时采取补救措施,依照规定告知信息主体并向有关主管部门报告。如果信息处理者没有采取措施或者采取的措施不力,导致发生或者可能发生个人信息泄露、篡改、丢失的情况的,其既有及时采取补救措施的义务,同时还有依照规定告知信息主体并向有关主管部门报告的义务,以防止个人信息进一步被泄露、篡改、丢失,避免损害的进一步扩大。

关联法规

《网络安全法》第 43 条,《消费者权益保护法》第 29 条,《地图管理条例》第 35 条

第一千零三十九条 【国家机关、承担行政职能的法定机构及其工作人员的保密义务】国家机关、承担行政职能的法定机构及其工作人员对于履行职责过程中知悉的自然人的隐私和个人信息，应当予以保密，不得泄露或者向他人非法提供。

条文注解

国家机关、承担行政职能的法定机构及其工作人员在依法履行职责的过程中常常会接触到自然人的隐私和个人信息，这可以体现在两个方面：一是根据法律、行政法规的授权，国家机关、承担行政职能的法定机构及其工作人员主动处理他人的个人信息，或者进入、搜查、监视他人的私密场所，跟踪他人的私密活动等。二是国家机关、承担行政职能的法定机构及其工作人员在履行职责过程中被动地、不可避免地知悉或者了解到自然人的隐私和个人信息，若国家机关、承担行政职能的法定机构及其工作人员没有强烈的保密意识，导致这些自然人的隐私和个人信息被泄露或者公开，有可能对相关自然人的权益造成极大的损害，社会后果也是极为严重的。

实用问题

第一章　一般规定

1. 人格权是什么?

《民法典》把人格权首次单独成编,体现了我国法律对于公民人格权的重视。《民法典》第990条规定,人格权是民事主体享有的生命权、身体权、健康权、姓名权、名称权、肖像权、名誉权、荣誉权、隐私权等权利。除前款规定的人格权外,自然人享有基于人身自由、人格尊严产生的其他人格权益。从学理上讲,人格权是指民事主体依法支配其人格利益并排除他人侵害的,以维护和实现人身自由和人格尊严为目的的权利。如《民法典》所列举的具体人格权包括生命权、身体权、健康权、姓名权、名称权、肖像权、名誉权、荣誉权、隐私权等权利。此外,一般人格权,是指自然人享有基于人身自由、人格尊严产生的其他人格权益。

当前社会,人们对于个人生活安宁、私人空间保护、信息安全等问题越来越重视,同时现代医疗科学、网络技术的发展,也为传统的人格权保护带来了新的挑战。《民法典》在结合理论发展和司法实践经验的基础上,对人格权独立成编加以规定,是《民法典》体系顺应时代发展进行的重大创新,彰显了全面维护人格尊严的理念。

2. 人格权受到侵害可以请求法律保护吗?

可以。《民法典》第991条规定,民事主体的人格权受法律保护,任何组织或者个人不得侵害。

人格权受到法律的保护,任何组织和个人应当尊重他人的人格权,不得实施侵害他人人格权的行为。在人格权受到侵害时,权利人有权要求对方采取停止侵害、排除妨碍、损害赔偿等措施。例如,商家对消费者进行搜身、"人肉搜索"等行为都在一定程度上侵害了公民的人格权,受侵害的公民有权要求对方承担相应的民事责任。

3. 人格权可以放弃、转让或者继承吗？

不可以。《民法典》第 992 条规定,人格权不得放弃、转让或者继承。

人格权具有专属性。人格权是民事主体在社会生活中不可缺失的权利,如生命权、身体权等人格权与主体资格具有密切的联系,允许权利人放弃人格权将使主体资格无法存续,且与社会公序良俗相违背。因此,法律规定人格权不得放弃,同时法律也规定人格权不得转让或者继承。例如,某人以公告的方式宣布放弃自己的隐私权,这在法律上是没有效力的。

4. 可以将自己的肖像许可他人使用吗？

一般情况下可以。《民法典》第 993 条规定,民事主体可以将自己的姓名、名称、肖像等许可他人使用,但是依照法律规定或者根据其性质不得许可的除外。

现实生活中,对人格权进行商业化利用的现象普遍存在,例如,明星代言产品、摄影师将人物摄影作品发表等,这些现象反映出人格权在市场经济环境下确实具有商业价值。《民法典》第 993 条可以看作为人格权商业化利用提供了正面的法律基础,但是并非所有情形下都可以许可他人使用,依照法律规定或者根据其性质不得许可的除外。例如,自然人不能在违背公序良俗的情形下将自己的姓名、名称、肖像等许可他人使用。

5. 死者的人格利益还受法律保护吗？

受法律保护。《民法典》第 994 条规定,死者的姓名、肖像、名誉、荣誉、隐私、遗体等受到侵害的,其配偶、子女、父母有权依法请求行为人承担民事责任;死者没有配偶、子女且父母已经死亡的,其他近亲属有权依法请求行为人承担民事责任。

自然人死亡之后,其民事权利能力消灭,因而不再享有包括人格权在内的民事权利。但是,死者的人格利益仍然存在,侵害死者的人格利益,同样会造成死者人格利益的损害。因此,死者的人格权虽然消灭了,但其人格利益仍然存在,仍然受到法律的保护。

在实践中,保护死者的人格利益,应当注意以下两个方面:

第一,死者人格利益保护的范围包括:姓名利益、肖像利益、名誉利益、荣誉利益、隐私利益以及遗体等。

第二,死者人格利益的保护人包括:死者的配偶、子女、父母及其他近亲属。在死者的人格利益受到侵害时,死者的配偶、子女、父母有权依法请求行为人承担民事责任;在死者没有配偶、子女且父母已经死亡的,其他近亲属有权依法请求行为人承担民事责任。

6. 人格权受到侵害的受害人行使请求权适用诉讼时效的规定吗?

《民法典》第995条规定,人格权受到侵害的,受害人有权依照本法和其他法律的规定请求行为人承担民事责任。受害人的停止侵害、排除妨碍、消除危险、消除影响、恢复名誉、赔礼道歉请求权,不适用诉讼时效的规定。

基于人格权被侵害产生的停止侵害、排除妨碍、消除危险、消除影响、恢复名誉、赔礼道歉请求权的实质是人格权受到侵害后,为恢复人格权的圆满状态而产生的人格权请求权。因该六项请求权均不带有直接的财产利益,且为了体现对人格的尊重和保护,《民法典》明文规定不适用诉讼时效的规定。因此,人格权受到侵害的受害人行使停止侵害、排除妨碍、消除危险、消除影响、恢复名誉、赔礼道歉请求权,不适用诉讼时效的规定,这能够更好地保护受害人的人格权。

7. 在人格权侵权案件中，请求违约责任和请求精神损害赔偿有冲突吗？

没有冲突。《民法典》第 996 条规定，因当事人一方的违约行为，损害对方人格权并造成严重精神损害，受损害方选择请求其承担违约责任的，不影响受损害方请求精神损害赔偿。

因违约而侵害他人人格权时，如果行为给受害人造成了严重的精神损害，受害人可以在主张违约责任的同时主张精神损害赔偿。例如，在医疗合同的履行过程中，因医务人员的过错，致患者毁容。此时，患者除了可以主张违约责任外，还可以因身体权受侵害而遭受严重的精神痛苦，主张精神损害赔偿。

8. 在尚未发生侵害人格权的违法行为时可以请求人民法院介入吗？

《民法典》第 997 条规定，民事主体有证据证明行为人正在实施或者即将实施侵害其人格权的违法行为，不及时制止将使其合法权益受到难以弥补的损害的，有权依法向人民法院申请采取责令行为人停止有关行为的措施。

侵害人格权的违法行为造成的损害后果往往具有不可逆性，一旦发生就很难恢复原状。特别在互联网时代，因为网民的不可控性，常导致侵害人格权的行为被无限制地放大，造成难以弥补的后果。因此，法律规定如果民事主体有证据证明行为人正在实施或者即将实施侵害其人格权的违法行为且不及时制止将使其合法权益受到难以弥补的损害的，有权依法向人民法院申请采取责令行为人停止有关行为的措施。此外，特别要注意的是，民事主体有权向人民法院申请责令行为人停止的行为限于违法行为，如果行为不具有违法性，则不能申请人民法院责令停止。

例如，王某在更衣室私设摄像头拍下刘某的私密照片，并且扬言要把照片散布到网上，如果不及时阻止，将会对刘某造成不可估量的伤害，此时刘某可以申请人民法院采取责令停止的措施。但如果王某是经过刘某同意后拍下二人合照，此时王某的行为不具有违法性，刘某无权申请人民法院采取责令停止的措施。

9. 认定行为人承担侵害人格权的民事责任时应考虑哪些因素？

《民法典》第 998 条规定，认定行为人承担侵害除生命权、身体权和健康权外的人格权的民事责任，应当考虑行为人和受害人的职业、影响范围、过错程度，以及行为的目的、方式、后果等因素。

除生命权、身体权和健康权以外的人格权的边界比较模糊，在保护时，常与其他权利发生冲突，实践中难以形成统一的衡量标准。因此，《民法典》明确规定了在认定行为人是否侵害除生命权、身体权和健康权以外的人格权时应当考虑的因素，具体包括行为人和受害人的职业、影响范围、过错程度，以及行为的目的、方式、后果等。

例如，某网站未经某影视明星同意，擅自将其列为“国内影视界十大丑星评选”活动的候选人之一，加配了涉及人身的调侃性文字，并最终按网民的投票，给其冠以“国内影视界十大丑星第一名”的称谓。人民法院在审理时应考虑影视明星的职业使其比起社会中的其他人更容易受到社会的关注，人们更容易对他品头论足，其应当更加具备承受能力等因素。这就是考虑特别主体的职业特点，而认定是否构成侵害人格权的典型例子。

10. 新闻报道可以使用他人姓名、名称、肖像、个人信息等吗？

可以合理使用。《民法典》第 999 条规定，为公共利益实施新闻报道、舆论监督等行为的，可以合理使用民事主体的姓名、名称、肖像、个人信息等；使用不合理侵害民事主体人格权的，应当依法承担民事责任。

新闻报道、舆论监督等行为基于公共利益的需要，有时必须要使用民事主体的人格要素，包括姓名、名称、肖像、个人信息等。这种使用只要是在合理的范围之内，就不认定为侵害民事主体的人格权。但这种使用也是受到限制的，如果使用不合理导致民事主体人格权受到侵害，也应当依法承担民事责任。

11. 侵害人格权的民事责任如何承担？

《民法典》第 1000 条规定，行为人因侵害人格权承担消除影响、恢复名誉、赔礼道歉等民事责任的，应当与行为的具体方式和造成的影响范围相当。行为人拒不承担前款规定的民事责任的，人民法院可以采取在报刊、网络等媒体上发布公告或者公布生效裁判文书等方式来执行，产生的费用由行为人负担。

根据该条规定，行为人因侵害他人人格权所承担的民事责任应当与其行为的具体方式和造成的影响范围相当。例如，某音乐平台在直播颁奖礼上诋毁某女歌手，造成了极其恶劣的影响，这种情况下应当要求该平台在其官方网站首页公开发布道歉声明、公告责任人员惩罚方式，并承担消除媒体报道造成的不良影响等责任。另外，在实务中，侵权人有时并不主动承担消除影响、恢复名誉、赔礼道歉等民事责任，为了解决此种情况，《民法典》规定人民法院可以采取在报刊、网络等媒体上发布公告或者公布生效裁判文书等方式来执行，产生的费用由侵权人负担。

12. 身份权利的保护适用《民法典》人格权编的规定吗？

《民法典》第 1001 条规定，对自然人因婚姻家庭关系等产生的身份权利的保护，适用本法第一编、第五编和其他法律的相关规定；没有规定的，可以根据其性质参照适用本编人格权保护的有关规定。

自然人因婚姻家庭等产生的身份权利受到法律的保护，自然人身份权利受到侵害时，其可依据《民法典》总则编、婚姻家庭编和其他法律的相关规定主张权利；没有规定的，可以参照适用《民法典》人格权编的有关规定维护自己的合法权益。因此，对于婚姻家庭编等相关规定中未涉及的身份权利的保护，参照适用人格权编的规定。

第二章　生命权、身体权和健康权

13. 生命权是什么？

《民法典》第 1002 条规定，自然人享有生命权。自然人的生命安全和生命尊严受法律保护。任何组织或者个人不得侵害他人的生命权。

生命权是人类固有的、第一位的人格权，是其他一切权利的基础和前提。生命权的内涵是“自然人的生命安全和生命尊严受法律保护”，这强调了生命安全和生命尊严同等程度受到法律的关注和保障，符合《民法典》人格权编维护生命安全和人格尊严的立法宗旨。

14. 身体权是什么？

《民法典》第 1003 条规定，自然人享有身体权。自然人的身体完整和行动自由受法律保护。任何组织或者个人不得侵害他人的身体权。

具体而言，身体权包括两部分：一是维持自然人身体完整的权利，二是享有身体行动自由的权利。自然人的身体权受到法律的保护，任何组织或者个人不得侵害他人的身体权。

15. 健康权是什么？

《民法典》第 1004 条规定，自然人享有健康权。自然人的身心健康受法律保护。任何组织或者个人不得侵害他人的健康权。

健康权的客体是“自然人的身心健康”，除身体健康外，还需要强调的是心理健康同样受到法律的保护。例如，初中生陈某因长期遭受同学的校园霸凌而患“神经功能紊乱”，这就是典型的侵害心理健康的例子。

16. 公民可以决定无偿捐献自己的器官吗？

《民法典》第1006条规定，完全民事行为能力人有权依法自主决定无偿捐献其人体细胞、人体组织、人体器官、遗体。任何组织或者个人不得强迫、欺骗、利诱其捐献。完全民事行为能力人依据前款规定同意捐献的，应当采用书面形式，也可以订立遗嘱。自然人生前未表示不同意捐献的，该自然人死亡后，其配偶、成年子女、父母可以共同决定捐献，决定捐献应当采用书面形式。

该条规定了两方面内容：一方面，完全民事行为能力人自主决定无偿捐献其人体细胞、人体组织、人体器官、遗体需要同时满足两个条件：一是自愿。完全民事行为能力人应自愿决定是否捐献，任何组织或者个人不得强迫、欺骗、利诱其捐献。二是采取法定形式。可以采用订立书面捐献器官（或人体细胞、人体组织、遗体）申请书或其他书面形式，也可以采用订立遗嘱的方式表达捐献意愿。另一方面，如果自然人生前未表示不同意捐献的，该自然人死亡后，其配偶、成年子女、父母可以共同决定捐献，决定捐献也应当采用书面形式。

17. 买卖人体器官、人体组织等的行为有效吗？

无效。《民法典》第1007条规定，禁止以任何形式买卖人体细胞、人体组织、人体器官、遗体。违反前款规定的买卖行为无效。

人体器官移植技术是现代医学最大的成就之一，为人类治疗疾病带来了福音。但与此同时，人体器官移植技术受到了人体器官买卖、非法摘取遗体器官等行为的严峻挑战。我国法律禁止以任何形式买卖人体细胞、人体组织、人体器官、遗体。买卖人体细胞、人体组织、人体器官、遗体的行为在民事上应被认定为无效,在刑事上可能构成组织出卖人体器官罪、故意伤害罪、侮辱尸体罪等犯罪。对于这一点,我们一定要有明确的认识。

18. 进行人体临床试验需满足哪些条件?

《民法典》第1008条规定,为研制新药、医疗器械或者发展新的预防和治疗方法,需要进行临床试验的,应当依法经相关主管部门批准并经伦理委员会审查同意,向受试者或者受试者的监护人告知试验目的、用途和可能产生的风险等详细情况,并经其书面同意。进行临床试验的,不得向受试者收取试验费用。

临床试验是医学发展中的重要环节。例如,为了研制新冠肺炎疫苗,需要招募志愿者进行临床试验。考虑临床试验涉及公民身体权和健康权的保护,《民法典》规定进行临床试验需要满足以下条件:

(1)临床试验的目的是为研制新药、医疗器械或者发展新的预防和治疗方法;

(2)依法经相关主管部门批准并经伦理委员会审查同意;

(3)向受试者或者受试者的监护人告知试验目的、用途和可能产生的风险等详细情况,并经其书面同意;

(4)不得向受试者收取试验费用。

19. 法律对从事与人体基因、人体胚胎等有关的医学和科研活动有什么限制吗?

《民法典》第1009条规定,从事与人体基因、人体胚胎等有关的医学和科研活动,应当遵守法律、行政法规和国家有关规定,不得危害人体健康,不得违背伦理道德,不得损害公共利益。

2018年11月26日，一个引起医学及生命伦理学界震惊的消息被媒体披露：以贺某奎为项目负责人的世界首例“基因编辑婴儿”在中国诞生。此消息引发了舆论的高度关注。业内专家对实验的动机和必要性、实验过程的合规性、实验影响的不可控性提出质疑。2019年12月30日，“基因编辑婴儿”案在深圳市南山区人民法院一审公开宣判。贺某奎故意违反国家有关科研和医疗管理规定，逾越科研和医学伦理道德底线，贸然将基因编辑技术应用于人类辅助生殖医疗，扰乱医疗管理秩序，情节严重，其行为已构成非法行医罪。故依法判处被告人贺建奎有期徒刑3年，并处罚金人民币300万元。

“基因编辑婴儿”事件引发了人们对于人体基因、人体胚胎等有关的医学和科研活动的热议。根据《民法典》第1009条之规定，我国法律并不禁止从事与人体基因、人体胚胎等有关的医学和科研活动，但要求此类活动应当遵守法律、行政法规和国家有关规定，不得危害人体健康，不得违背伦理道德，不得损害公共利益。如果违法进行此类活动，不仅要承担民事责任，情节严重的还要承担刑事责任。

20. 遇到性骚扰时应如何寻求救济？

《民法典》第1010条规定，违背他人意愿，以言语、文字、图像、肢体行为等方式对他人实施性骚扰的，受害人有权依法请求行为人承担民事责任。机关、企业、学校等单位应当采取合理的预防、受理投诉、调查处置等措施，防止和制止利用职权、从属关系等实施性骚扰。

近些年，“性骚扰”事件经常见诸报端。特别是校园里发生的性骚扰事件更是因涉及未成年人的权益保护而备受关注。为更好地保护受害人的合法权益，《民法典》对此进行了积极回应。根据上述规定，可以做以下理解：

首先，如何认定行为构成性骚扰？认定性骚扰的关键是“违背他人意愿”。具体而言，他人表示厌恶、反感、明确拒绝、警告或以反抗行为表示拒绝，都可以认定为“违背他人意愿”。性骚扰的方式包括言语、文字、图像、肢体行为等，如使用淫秽语言、发送黄色短信等。

其次，如何寻求救济？遇到性骚扰的受害人有权要求行为人承担民事责任；机关、企业、学校等单位有义务采取合理的预防、受理投诉、调查处置等措施，防止和制止利用职权、从属关系等实施性骚扰。

最后，需要指出的是，性骚扰的受害人不仅局限于女性，男性同样受《民法典》本条规定的保护。

21. 公民的行动自由是否受到法律的保护？

答案自然是肯定的。《民法典》第 1011 条规定，以非法拘禁等方式剥夺、限制他人的行动自由，或者非法搜查他人身体的，受害人有权依法请求行为人承担民事责任。

行动自由，是指自然人就其身体行动的自由不受他人侵犯。以非法拘禁等方式剥夺、限制他人的行动自由，受害人有权要求行为人承担民事责任。例如，债主为了讨债将债务人关在家里的行为。此外，对于非法搜查他人人身的，例如，超市保安强制搜身，受害人也有权要求行为人承担民事责任。这里需要指出的是，行为人侵害他人行动自由情节严重的，同样要承担刑事责任。

第三章　姓名权和名称权

22. 自然人的姓名权是什么？

《民法典》第 1012 条规定，自然人享有姓名权，有权依法决定、使用、变更或者许可他人使用自己的姓名，但是不得违背公序良俗。

姓名是自然人的外在标志，是将其与他人进行区分的关键，因此，姓名权是重要的标表性人格权。自然人依法享有姓名权，在不违背公序良俗的前提下，自然人有权依法决定、使用、变更或者许可他人使用自己的姓名。比如，公民王鹏在成年之后将自己的名字改为王海鹏，这个依法是可以的。此外，《民法典》第1023条第1款规定，对姓名等的许可使用，参照适用肖像许可使用的有关规定。

23. 法人、非法人组织的名称权是什么？

《民法典》第1013条规定，法人、非法人组织享有名称权，有权依法决定、使用、变更、转让或者许可他人使用自己的名称。

名称对于法人、非法人组织具有重要意义，一个设计独特、易读易记的名称，可以迅速激发大众的好奇心，提升该法人或非法人组织的知名度，同时也是将其与其他法人、非法人组织相区分的标志。法人、非法人组织依法享有名称权，有权决定、使用、变更自己的名称，也有权转让或者许可他人使用自己的名称。

24. 常见的侵害姓名权的方式包括哪些？

《民法典》第1014条规定，任何组织或者个人不得以干涉、盗用、假冒等方式侵害他人的姓名权或者名称权。

自然人的姓名权和法人、非法人组织的名称权受法律保护，任何组织或者个人不得加以侵害。根据本条规定，实践中侵害姓名权和名称权的方式主要包括以下三种：

（1）干涉他人决定或者更改姓名、名称。例如，丈夫强迫妻子采用自己的姓氏。

（2）盗用他人姓名、名称。例如，未经同意使用他人姓名进行商业宣传。

（3）假冒他人姓名、名称。例如，冒用他人姓名上大学。

25. 可以在父姓和母姓之外选取姓氏吗？

《民法典》第1015条规定，自然人应当随父姓或者母姓，但是有下列情形之一的，可以在父姓和母姓之外选取姓氏：(1)选取其他直系长辈血亲的姓氏；(2)因由法定扶养人以外的人扶养而选取扶养人姓氏；(3)有不违背公序良俗的其他正当理由。少数民族自然人的姓氏可以遵从本民族的文化传统和风俗习惯。

一般情况下，自然人应当随父姓或者母姓。但考虑现实生活中存在的特殊情况，《民法典》规定有下列情形之一的，可以在父姓和母姓之外选取姓氏：

(1)选取其他直系长辈血亲的姓氏。例如，为纪念外婆使用外婆的姓氏。

(2)因由法定扶养人以外的人扶养而选取扶养人姓氏。

(3)有不违背公序良俗的其他正当理由。例如，父母再婚后，继子女改为继父的姓氏。

此外，少数民族自然人的姓氏可以遵从本民族的文化传统和风俗习惯。

26. 自然人改名或者法人、非法人组织改变名称需要办理什么手续？

法律赋予自然人改名的权利和法人、非法人组织改变名称的权利，但具体来说改名和改变名称的操作流程是什么样的呢？《民法典》第 1016 条对此作了专门规定。该条规定，自然人决定、变更姓名，或者法人、非法人组织决定、变更、转让名称的，应当依法向有关机关办理登记手续，但是法律另有规定的除外。民事主体变更姓名、名称的，变更前实施的民事法律行为对其具有法律约束力。

根据《户口登记条例》第 18 条之规定，公民变更姓名，依照下列规定办理：(1)未满 18 周岁的人需要变更姓名的时候，由本人或者父母、收养人向户口登记机关申请变更登记；(2)18 周岁以上的人需要变更姓名的时候，由本人向户口登记机关申请变更登记。

法人、非法人组织决定、变更、转让名称的，也应当依法向有关机关办理登记手续，但是法律另有规定的除外。

27. 网名受到侵害可以要求保护吗？

一定情况下可以。《民法典》第 1017 条规定，具有一定社会知名度，被他人使用足以造成公众混淆的笔名、艺名、网名、译名、字号、姓名和名称的简称等，参照适用姓名权和名称权保护的有关规定。

在现实生活中，某些具有影响力的笔名（如鲁迅）、艺名（如成龙）、网名（如 Papi 酱）等成为使用人身份的象征，具有一定的独特性和依附性，如果被冒用将会给使用人带来很大的损害，因此需要得到法律的保护。根据上述规定，笔名、艺名、网名、译名、字号、姓名和名称的简称等如果满足“具有一定社会知名度”“被他人使用足以造成公众混淆”这两个条件，权利人可以请求参照适用姓名权和名称权保护的有关规定加以保护。

第四章　肖　像　权

28. 自然人的肖像权是什么？

《民法典》第 1018 条规定，自然人享有肖像权，有权依法制作、使用、公开或者许可他人使用自己的肖像。肖像是通过影像、雕塑、绘画等方式在一定载体上所反映的特定自然人可以被识别的外部形象。

认定属于肖像需要满足三个条件：一是在一定的载体上反映；二是自然人外部形象的再现；三是特定自然人可以被识别。肖像权，是指自然人对自己的肖像享有再现、使用并排斥他人侵害的权利。肖像权包括公民有权拥有自己的肖像，有权对自己肖像进行制作、使用、公开，有权许可他人使用自己的肖像，有权禁止他人非法使用自己的肖像。

29. 侵害肖像权的行为有哪些?

《民法典》第1019条规定,任何组织或者个人不得以丑化、污损或者利用信息技术手段伪造等方式侵害他人的肖像权。未经肖像权人同意,不得制作、使用、公开肖像权人的肖像,但是法律另有规定的除外。未经肖像权人同意,肖像作品权利人不得以发表、复制、发行、出租、展览等方式使用或者公开肖像权人的肖像。

根据本条规定,侵害肖像权的行为主要有以下几种:

(1)以丑化、污损或者利用信息技术手段伪造等方式侵害他人的肖像权。例如,利用修图软件恶搞他人照片、使用"AI换脸"技术伪造他人形象等行为。

(2)未经肖像权人同意,制作、使用、公开肖像权人的肖像,但是法律另有规定的除外。例如,偷拍他人等行为。

(3)未经肖像权人同意,肖像作品权利人以发表、复制、发行、出租、展览等方式使用或者公开肖像权人的肖像。例如,摄影师未经模特同意将摄影作品公开发表等行为。

30. 什么情况下使用肖像可以不经肖像权人同意?

根据《民法典》第1020条之规定,合理实施下列行为的,可以不经肖像权人同意:

(1)为个人学习、艺术欣赏、课堂教学或者科学研究,在必要范围内使用肖像权人已经公开的肖像。例如,美术学院在课堂上对已在网站上上传的肖像权人的肖像进行临摹。

(2)为实施新闻报道,不可避免地制作、使用、公开肖像权人的肖像。例如,报纸为报道李兰娟院士抗疫感人事迹而刊登其照片,并注明照片来源和原作者。

(3)为依法履行职责,国家机关在必要范围内制作、使用、公开肖像权人的肖像。例如,公安机关公布通缉犯照片。

(4)为展示特定公共环境,不可避免地制作、使用、公开肖像权人的肖像。例如,体育节目转播时镜头扫过观众席某一观众的面部。

(5)为维护公共利益或者肖像权人合法权益,制作、使用、公开肖像权人的肖像的其他行为。例如,儿童走失后,以儿童的照片制作寻人启事。

31. 因肖像许可使用合同发生争议该如何处理?

《民法典》第1021条规定,当事人对肖像许可使用合同中关于肖像使用条款的理解有争议的,应当作出有利于肖像权人的解释。

《民法典》第1022条规定,当事人对肖像许可使用期限没有约定或者约定不明确的,任何一方当事人可以随时解除肖像许可使用合同,但是应当在合理期限之前通知对方。当事人对肖像许可使用期限有明确约定,肖像权人有正当理由的,可以解除肖像许可使用合同,但是应当在合理期限之前通知对方。因解除合同造成对方损失的,除不可归责于肖像权人的事由外,应当赔偿损失。

肖像权的商业化利用一般是通过肖像权人与被授权人签订肖像许可使用合同的方式进行的。《民法典》第1021条、第1022条规定了肖像许可合同的有利解释原则和解除事宜。

(1)有利解释原则。肖像权作为人格权,应将其置于优先保护地位。在当事人对肖像许可使用合同中关于肖像使用条款的理解有争议时,法律规定应当作出有利于肖像权人的解释,这种特殊解释规则,目的在于通过特殊解释方法直接干预具体案件当事人之间的关系,排除不利于肖像权人的解释结果。

(2)解除事宜。对于期限没有约定或者约定不明确的肖像许可使用合同,任何一方当事人可以随时解除,但是应当在合理期限之前通知对方。对于期限有明确约定的肖像许可使用合同,肖像权人有正当理由的,可以要求解除,但是应当在合理期限之前通知对方。肖像权人有正当理由通常包括:不可抗力导致合同目的不能实现、迟延履行、对方根本违约等情形。因解除合同造成对方损失的,除不可归责于肖像权人的事由外,应当赔偿损失。

32. 自然人的声音受法律保护吗?

《民法典》第 1023 条第 2 款规定,对自然人声音的保护,参照适用肖像权保护的有关规定。

近几年,声优直播、语音识别技术等新兴产业不断发展,如名人的声音被应用到汽车导航软件中。在此背景下,声音保护引起了社会普遍的关注。声音作为一种人格标识,具有表征个人、许可他人使用的功能。《民法典》第 1023 条第 2 款明确规定自然人的声音受到保护,以充分肯定声音的价值,且规定对自然人声音的保护参照适用肖像权保护的有关规定,为自然人声音保护的可操作性提供了依据。

第五章　名誉权和荣誉权

33. 民事主体的名誉权是什么?

《民法典》第 1024 条规定,民事主体享有名誉权。任何组织或者个人不得以侮辱、诽谤等方式侵害他人的名誉权。名誉是对民事主体的品德、声望、才能、信用等的社会评价。从学理上来说,名誉权,是指民事主体依法享有的对自己所获得的客观社会评价、排除他人侵害的权利。自然人、法人和非法人组织都享有名誉权。

侵害名誉权的情形主要包括侮辱和诽谤两种方式。侮辱,是指故意以暴力或其他方式贬低他人人格,毁损他人名誉的行为。例如,借款合同的债权人刘某对债务人李某欠款不还的行为怀恨在心,在李某住所的房门、边墙上，用油漆涂写了大量醒目的贬义、诅咒性文字，并对李某多次辱骂，公然诋毁其名誉，刘某的行为构成对李某名誉权的侵犯。诽谤，是指捏造并散布某些虚假的事实，损害他人名誉的行为。例如，甲企业为了达到毁损乙企业产品、进行恶意竞争的目的，虚构有损乙企业产品声誉的事实并以印发公告的形式予以散播，甲企业的行为构成对乙企业法人名誉权的侵害。

34. 新闻报道影响名誉权可以完全免责吗？

新闻报道对公民、法人、非法人组织的名誉权如果产生消极影响，在大多数情况下可以免责，但有些特殊情形也要承担民事责任。《民法典》第 1025 条规定，行为人为公共利益实施新闻报道、舆论监督等行为，影响他人名誉的，不承担民事责任，但是有下列情形之一的除外：

（1）捏造、歪曲事实；

（2）对他人提供的严重失实内容未尽到合理核实义务；

（3）使用侮辱性言辞等贬损他人名誉。

《民法典》第 1026 条规定，认定行为人是否尽到前条第 2 项规定的合理核实义务，应当考虑下列因素：

（1）内容来源的可信度；

（2）对明显可能引发争议的内容是否进行了必要的调查；

（3）内容的时限性；

（4）内容与公序良俗的关联性；

（5）受害人名誉受贬损的可能性；

（6）核实能力和核实成本。

根据《民法典》第 1025 条之规定，一般情况下行为人为公共利益实施新闻报道、舆论监督等行为，影响他人名誉的，不承担民事责任。例如，新闻单位依据消费者的投诉进行采访报道，对经营者的服务质量进行批评，内容基本属实，没有侮辱内容，此时不应当承担民事责任。但是为公共利益实施新闻报道、舆论监督等行为并非不受任何限制，如果行为人存在捏造、歪曲事实；对他人提供的严重失实内容未尽到合理核实义务；使用侮辱性言辞等贬损他人名誉的行为，应当承担相应的民事责任。此外，《民法典》第 1026 条专门规定了认定行为人是否尽到“合理核实义务”时应当考虑的因素。例如，媒体在新闻报道时引用的是政府官方文件，因为其内容来源的可信度较高，基本上可以认定该媒体已尽到了合理核实义务。

35. 如何认定文学或艺术作品是否侵害了他人的名誉权？

《民法典》第 1027 条规定，行为人发表的文学、艺术作品以真人真事或者特定人为描述对象，含有侮辱、诽谤内容，侵害他人名誉权的，受害人有权依法请求该行为人承担民事责任。行为人发表的文学、艺术作品不以特定人为描述对象，仅其中的情节与该特定人的情况相似的，不承担民事责任。

由此可见，以真人真事或者特定人为描述对象的文学、艺术作品，由于描述对象确定，其在作品的内容中如果包含侮辱、诽谤等内容，对被描述的对象名誉权有损害的，则构成侵害名誉权，受害人可以请求作者承担侵害名誉权的民事责任。例如，贾某在以马某为原型的人物传记中对马某使用侮辱性词汇，造成其社会评价降低，应当认定贾某侵害了马某的名誉权。

但那些不以特定人为描述对象的文学、艺术作品，此类作品仅其中的情节与该特定人的情况相似，对特定人不会产生不利影响，为了保障创作自由，行为人不承担民事责任。例如，某书描写的人物以现实人物为模版，经过加工，使读者不能将经过艺术加工的文学人物与现实人物相联系，行为人不承担民事责任。

36. 因内容失实的媒体报道使名誉权受到侵害,该如何救济?

《民法典》第1028条规定,民事主体有证据证明报刊、网络等媒体报道的内容失实,侵害其名誉权的,有权请求该媒体及时采取更正或者删除等必要措施。

根据该条规定,民事主体在有证据证明某报刊或者网络等媒体报道的内容失实的情形下,如果该报道侵害其名誉权,则其有权要求该媒体停止侵害或者排除妨碍,具体措施包括及时采取更正或者删除等。例如,某地方媒体在公众号中发布题为"周某被列入失信被执行人名单"的文章,实际上被列入失信被执行人名单的是周某的弟弟周某某,该媒体发布的文章给周某造成了极其恶劣的影响,周某有权请求该媒体及时采取更正或者删除相关文章。

37. 民事主体发现自己的信用评价不当有权提出异议吗?

有权提出异议。《民法典》第1029条规定,民事主体可以依法查询自己的信用评价;发现信用评价不当的,有权提出异议并请求采取更正、删除等必要措施。信用评价人应当及时核查,经核查属实的,应当及时采取必要措施。

信用是社会经济发展的必然产物,是现代经济社会运行中必不可少的一环。在互联网快速发展的今天,信用评价对于民事主体具有重要意义。例如,芝麻信用管理有限公司在用户授权的情况下,依据用户在互联网上的各类消费及行为数据,结合互联网金融借贷信息,运用云计算及机器学习等技术,对个人信用状况进行综合评估,对获得较高芝麻分的用户提供更高效、更优质的服务,如免押出行、免押住宿等。

鉴于信用评价的重要性,《民法典》规定民事主体的信用评价受法律保护,民事主体有权依法查询自己的信用评价,有权在信用评价不当时提出异议并请求信用评价人采取更正、删除等必要措施。信用评价人有义务及时核查，经核查属实的，应当及时采取必要措施。例如，石某因被他人冒名从某 APP 中贷款，导致他的征信评价出现异常，石某可以请求删除该不良评价。

38. 民事主体的信用信息如何保护？

《民法典》第 1030 条规定，民事主体与征信机构等信用信息处理者之间的关系，适用本编有关个人信息保护的规定和其他法律、行政法规的有关规定。

信用信息，是指民事主体在其社会活动中所产生的、与信用行为有关的记录以及有关评价其信用价值的各项信息。《民法典》将信用信息纳入个人信息保护的范畴，如果民事主体与征信机构等信用信息处理者针对信用信息发生争议，适用有关个人信息保护的规定和其他法律、行政法规的有关规定。

39. 民事主体的荣誉权是什么？

《民法典》第 1031 条规定，民事主体享有荣誉权。任何组织或者个人不得非法剥夺他人的荣誉称号，不得诋毁、贬损他人的荣誉。获得的荣誉称号应当记载而没有记载的，民事主体可以请求记载；获得的荣誉称号记载错误的，民事主体可以请求更正。从学理上来讲，荣誉，是指特定组织授予自然人、法人、非法人组织的一种定性化的积极评价，如“最美奋斗者”个人称号、先进工作者、胡润中国 500 强民营企业等。荣誉权，是指公民、法人、非法人组织所享有的，因自己的突出贡献或特殊劳动成果而获得的光荣称号或其他荣誉的权利。根据本条规定，民事主体的荣誉权受法律保护，任何组织和个人不得非法剥夺他人的荣誉称号，民事主体对于获得的荣誉称号应当记载而没有记载的，可以请求记载；对于获得的荣誉称号记载错误的，可以请求更正。

第六章　隐私权和个人信息保护

40. 自然人的隐私权是什么？

《民法典》第1032条规定，自然人享有隐私权。任何组织或者个人不得以刺探、侵扰、泄露、公开等方式侵害他人的隐私权。隐私是自然人的私人生活安宁和不愿为他人知晓的私密空间、私密活动、私密信息。

隐私权，是指自然人享有的私生活安宁和不愿为他人知晓的私密空间、私密活动和私密信息不被刺探、侵扰、泄露、公开等方式侵害的权利。保护隐私权是对人性自由和尊严的尊重，也是人类文明进步的一个重要标志。例如，刘某和李某是合租室友，刘某私自在李某的房间中安装摄像头窥探李某的生活，这就是严重侵害李某隐私权的行为。

41. 哪些行为被《民法典》规定为侵犯隐私权的行为？

《民法典》第1033条列举了实践中侵害隐私权的典型行为。该条规定，除法律另有规定或者权利人明确同意外，任何组织或者个人实施下列行为构成对公民隐私权的侵害：

（1）以电话、短信、即时通讯工具、电子邮件、传单等方式侵扰他人的私人生活安宁。例如，某人给他人发送大量的垃圾邮件。

（2）进入、拍摄、窥视他人的住宅、宾馆房间等私密空间。例如，某酒店私自在房间内安装摄像头。

（3）拍摄、窥视、窃听、公开他人的私密活动。例如，下属监听上司的电话。

（4）拍摄、窥视他人身体的私密部位。例如，某人私设望远镜偷看他人浴室。

(5)处理他人的私密信息。例如,公司私自处理员工个人邮件。

(6)以其他方式侵害他人的隐私权。

42. 自然人的个人信息指什么?

《民法典》第1034条规定,自然人的个人信息受法律保护。个人信息是以电子或者其他方式记录的能够单独或者与其他信息结合识别特定自然人的各种信息,包括自然人的姓名、出生日期、身份证件号码、生物识别信息、住址、电话号码、电子邮箱、健康信息、行踪信息等。个人信息中的私密信息,适用有关隐私权的规定;没有规定的,适用有关个人信息保护的规定。

判断某信息是否属于个人信息的标准一般为能否从该信息直接或者间接识别某一特定自然人,按照此标准可以把个人信息分为两类:一是"直接识别的信息",凭借此类信息能够单独识别特定自然人,如自然人的身份证号码、家庭住址等。二是"间接识别的信息",仅仅凭借此类信息不能够单独识别特定自然人,必须与其他信息相组合才能识别特定自然人,如行踪信息等。

《民法典》将个人信息中的私密信息纳入隐私权,个人信息中的私密信息受侵害,适用有关隐私权的规定。

43. 处理个人信息需要符合什么原则和条件?

《民法典》第1035条规定,处理个人信息的,应当遵循合法、正当、必要原则,不得过度处理,并符合下列条件:

(1)征得该自然人或者其监护人同意,但是法律、行政法规另有规定的除外;

(2)公开处理信息的规则;

(3)明示处理信息的目的、方式和范围;

(4)不违反法律、行政法规的规定和双方的约定。

因个人信息的处理包括个人信息的收集、存储、使用、加工、传输、提供、公开等，故此，个人信息的收集、存储、使用、加工、传输、提供、公开等应当遵循同意、公开、明示的条件，应当符合“合法、正当、必要原则”。

首先，适法的个人信息处理需要满足“同意”的条件。个人信息处理除法律、行政法规另有规定外，需要征得该自然人或者其监护人同意。

其次，适法的个人信息处理需要满足“公开”的条件。处理个人信息的行为人应当公开处理信息的具体规则。

再次，适法的个人信息处理需要满足“明示”的条件。明示的具体内容包括处理信息的目的、方式和范围。明示的方式可以是各种形式，如言辞、书面、电话、电子邮件、传真等。

最后，适法的个人信息处理不得违反法律、行政法规的规定和双方的约定。

44. 处理个人信息时，行为人不承担民事责任的情况有哪些？

《民法典》第1036条规定，处理个人信息，有下列情形之一的，行为人不承担民事责任：

（1）在该自然人或者其监护人同意的范围内合理实施的行为；

（2）合理处理该自然人自行公开的或者其他已经合法公开的信息，但是该自然人明确拒绝或者处理该信息侵害其重大利益的除外；

（3）为维护公共利益或者该自然人合法权益，合理实施的其他行为。

具体而言，如果处理个人信息是在该自然人或者其监护人同意的范围内合理实施的；处理的是该自然人自行公开的或者其他已经合法公开的信息且该自然人未明确拒绝或者处理该信息不会侵害其重大利益的；是为维护公共利益或者该自然人合法权益而合理实施的，行为人不承担民事责任。例如,为了通缉罪犯而公开其身份证号码,就属于为维护公共利益而合理处理个人信息的情形。

45. 发现自己的个人信息有错误该怎么办?

《民法典》第 1037 条规定,自然人可以依法向信息处理者查阅或者复制其个人信息;发现信息有错误的,有权提出异议并请求及时采取更正等必要措施。自然人发现信息处理者违反法律、行政法规的规定或者双方的约定处理其个人信息的,有权请求信息处理者及时删除。

法律赋予自然人对于其个人信息的知情同意权,以及以知情同意权为基础的查询权、复制权、更正权、删除权等在内的信息自主控制的权能。

例如,自然人可以向体检机构查询自己的健康信息;有权复印健康信息;如果发现健康信息有错误的,有权要求更正;如果发现该体检机构擅自公开自己健康信息的,有权要求其及时删除。

46. 信息处理者的义务有哪些?

《民法典》第 1038 条规定,信息处理者不得泄露或者篡改其收集、存储的个人信息;未经自然人同意,不得向他人非法提供其个人信息,但是经过加工无法识别特定个人且不能复原的除外。信息处理者应当采取技术措施和其他必要措施,确保其收集、存储的个人信息安全,防止信息泄露、篡改、丢失;发生或者可能发生个人信息泄露、篡改、丢失的,应当及时采取补救措施,按照规定告知自然人并向有关主管部门报告。

在实践中,对个人信息的适当利用不仅能够促进经济发展,而且能使个人信息主体从中获益。例如,网约车平台通过定位追踪的方式保障乘客安全、“刷脸支付”给人民生活带来便利等。彻底禁止对个人信息的商业利用是不现实、不经济的，也不符合民事主体利益保护的初衷。既然个人信息的商业利用是大势所趋，那么保证信息处理者合法处理个人信息就成为个人信息保护制度的重中之重。据此，本条明确规定了信息处理者的主要义务，具体包括：(1)不得泄露、篡改其收集、存储的个人信息的义务；(2)不得向他人非法提供其个人信息的义务；(3)确保其收集、存储的个人信息安全的义务；(4)个人信息泄露、篡改、丢失后的报告义务。

47. 相关部门及其工作人员对其知悉的自然人隐私和个人信息负有保密义务吗？

《民法典》第1039条规定，国家机关、承担行政职能的法定机构及其工作人员对于履行职责过程中知悉的自然人的隐私和个人信息，应当予以保密，不得泄露或者向他人非法提供。

在实践中，国家机关、承担行政职能的法定机构及其工作人员在履行职责过程中知悉了大量的自然人隐私和个人信息。例如，高校掌握毕业生的个人信息、交管部门掌握本地车辆的行驶情况等。如果不对国家机关、承担行政职能的法定机构及其工作人员进行约束，将会造成难以预估的自然人隐私和个人信息的泄露。因此，《民法典》明确规定国家机关、承担行政职能的法定机构及其工作人员对于履行职责过程中知悉的自然人的隐私和个人信息负有保密义务。

关联法规

1. 最高人民法院
关于确定民事侵权精神损害赔偿责任若干问题的解释

（2001年2月26日由最高人民法院审判委员会第1161次会议通过　根据2020年12月23日最高人民法院审判委员会第1823次会议通过的《最高人民法院关于修改〈最高人民法院关于在民事审判工作中适用《中华人民共和国工会法》若干问题的解释〉等二十七件民事类司法解释的决定》修正　法释〔2020〕17号 2020年12月29日公布　自2021年1月1日起施行）

为在审理民事侵权案件中正确确定精神损害赔偿责任，根据《中华人民共和国民法典》等有关法律规定，结合审判实践，制定本解释。

第一条　因人身权益或者具有人身意义的特定物受到侵害，自然人或者其近亲属向人民法院提起诉讼请求精神损害赔偿的，人民法院应当依法予以受理。

第二条　非法使被监护人脱离监护，导致亲子关系或者近亲属间的亲属关系遭受严重损害，监护人向人民法院起诉请求赔偿精神损害的，人民法院应当依法予以受理。

第三条　死者的姓名、肖像、名誉、荣誉、隐私、遗体、遗骨等受到侵害，其近亲属向人民法院提起诉讼请求精神损害赔偿的，人民法院应当依法予以支持。

第四条　法人或者非法人组织以名誉权、荣誉权、名称权遭受侵害为由，向人民法院起诉请求精神损害赔偿的，人民法院不予支持。

第五条　精神损害的赔偿数额根据以下因素确定：

（一）侵权人的过错程度，但是法律另有规定的除外；

（二）侵权行为的目的、方式、场合等具体情节；

（三）侵权行为所造成的后果；

（四）侵权人的获利情况；

（五）侵权人承担责任的经济能力；

（六）受理诉讼法院所在地的平均生活水平。

第六条 在本解释公布施行之前已经生效施行的司法解释，其内容有与本解释不一致的，以本解释为准。

2. 中华人民共和国基本医疗卫生与健康促进法

（中华人民共和国第十三届全国人民代表大会常务委员会第十五次会议于2019年12月28日通过 自2020年6月1日起施行）

第一章 总 则

第一条 为了发展医疗卫生与健康事业，保障公民享有基本医疗卫生服务，提高公民健康水平，推进健康中国建设，根据宪法，制定本法。

第二条 从事医疗卫生、健康促进及其监督管理活动，适用本法。

第三条 医疗卫生与健康事业应当坚持以人民为中心，为人民健康服务。

医疗卫生事业应当坚持公益性原则。

第四条 国家和社会尊重、保护公民的健康权。

国家实施健康中国战略，普及健康生活，优化健康服务，完善健康保障，建设健康环境，发展健康产业，提升公民全生命周期健康水平。

国家建立健康教育制度，保障公民获得健康教育的权利，提高公民的健康素养。

第五条 公民依法享有从国家和社会获得基本医疗卫生服务的权利。

国家建立基本医疗卫生制度，建立健全医疗卫生服务体系，保护和实现公民获得基本医疗卫生服务的权利。

第六条 各级人民政府应当把人民健康放在优先发展的战略地位，将健康理念融入各项政策，坚持预防为主，完善健康促进工作体系，组织实施健康促进的规划和行动，推进全民健身，建立健康影响评估制度，将公民主要健康指标改善情况纳入政府目标责任考核。

全社会应当共同关心和支持医疗卫生与健康事业的发展。

第七条 国务院和地方各级人民政府领导医疗卫生与健康促进工作。

国务院卫生健康主管部门负责统筹协调全国医疗卫生与健康促进工作。国务院其他有关部门在各自职责范围内负责有关的医疗卫生与健康促进工作。

县级以上地方人民政府卫生健康主管部门负责统筹协调本行政区域医疗卫生与健康促进工作。县级以上地方人民政府其他有关部门在各自职责范围内负责有关的医疗卫生与健康促进工作。

第八条 国家加强医学基础科学研究，鼓励医学科学技术创新，支持临床医学发展，促进医学科技成果的转化和应用，推进医疗卫生与信息技术融合发展，推广医疗卫生适宜技术，提高医疗卫生服务质量。

国家发展医学教育，完善适应医疗卫生事业发展需要的医学教育体系，大力培养医疗卫生人才。

第九条 国家大力发展中医药事业，坚持中西医并重、传承与创新相结合，发挥中医药在医疗卫生与健康事业中的独特作用。

第十条 国家合理规划和配置医疗卫生资源，以基层为重点，采取多种措施优先支持县级以下医疗卫生机构发展，提高其医疗卫生服务能力。

第十一条 国家加大对医疗卫生与健康事业的财政投入，通过增加转移支付等方式重点扶持革命老区、民族地区、边疆地区和经济欠发达地区发展医疗卫生与健康事业。

第十二条 国家鼓励和支持公民、法人和其他组织通过依法举办机构和捐赠、资助等方式，参与医疗卫生与健康事业，满足公民多样化、差异化、个性化健康需求。

公民、法人和其他组织捐赠财产用于医疗卫生与健康事业的，依法享受税收优惠。

第十三条 对在医疗卫生与健康事业中做出突出贡献的组织和个人，按照国家规定给予表彰、奖励。

第十四条 国家鼓励和支持医疗卫生与健康促进领域的对外交流合作。

开展医疗卫生与健康促进对外交流合作活动，应当遵守法律、法规，维护国家主权、安全和社会公共利益。

第二章 基本医疗卫生服务

第十五条 基本医疗卫生服务，是指维护人体健康所必需、与经济社会发展水平相适应、公民可公平获得的，采用适宜药物、适宜技术、适宜设备提供的疾病预防、诊断、治疗、护理和康复等服务。

基本医疗卫生服务包括基本公共卫生服务和基本医疗服务。基本公共卫生服务由国家免费提供。

第十六条 国家采取措施，保障公民享有安全有效的基本公共卫生服务，控制影响健康的危险因素，提高疾病的预防控制水平。

国家基本公共卫生服务项目由国务院卫生健康主管部门会同国务院财政部门、中医药主管部门等共同确定。

省、自治区、直辖市人民政府可以在国家基本公共卫生服务项目基础上，补充确定本行政区域的基本公共卫生服务项目，并报国务院卫生健康主管部门备案。

第十七条 国务院和省、自治区、直辖市人民政府可以将针对重点地区、重点疾病和特定人群的服务内容纳入基本公共卫生服务项目并组织实施。

县级以上地方人民政府针对本行政区域重大疾病和主要健康危险因素，开展专项防控工作。

第十八条 县级以上人民政府通过举办专业公共卫生机构、基层医疗卫生机构和医院，或者从其他医疗卫生机构购买服务的方式提供基本公共卫生服务。

第十九条 国家建立健全突发事件卫生应急体系，制定和完善应急预案，组织开展突发事件的医疗救治、卫生学调查处置和心理援助等卫生应急工作，有效控制和消除危害。

第二十条 国家建立传染病防控制度，制定传染病防治规划并组织实施，加强传染病监测预警，坚持预防为主、防治结合，联防联控、群防群控、源头防控、综合治理，阻断传播途径，保护易感人群，降低传染病的危害。

任何组织和个人应当接受、配合医疗卫生机构为预防、控制、消除传染病危害依法采取的调查、检验、采集样本、隔离治疗、医学观察等措施。

第二十一条 国家实行预防接种制度,加强免疫规划工作。居民有依法接种免疫规划疫苗的权利和义务。政府向居民免费提供免疫规划疫苗。

第二十二条 国家建立慢性非传染性疾病防控与管理制度,对慢性非传染性疾病及其致病危险因素开展监测、调查和综合防控干预,及时发现高危人群,为患者和高危人群提供诊疗、早期干预、随访管理和健康教育等服务。

第二十三条 国家加强职业健康保护。县级以上人民政府应当制定职业病防治规划,建立健全职业健康工作机制,加强职业健康监督管理,提高职业病综合防治能力和水平。

用人单位应当控制职业病危害因素,采取工程技术、个体防护和健康管理等综合治理措施,改善工作环境和劳动条件。

第二十四条 国家发展妇幼保健事业,建立健全妇幼健康服务体系,为妇女、儿童提供保健及常见病防治服务,保障妇女、儿童健康。

国家采取措施,为公民提供婚前保健、孕产期保健等服务,促进生殖健康,预防出生缺陷。

第二十五条 国家发展老年人保健事业。国务院和省、自治区、直辖市人民政府应当将老年人健康管理和常见病预防等纳入基本公共卫生服务项目。

第二十六条 国家发展残疾预防和残疾人康复事业,完善残疾预防和残疾人康复及其保障体系,采取措施为残疾人提供基本康复服务。

县级以上人民政府应当优先开展残疾儿童康复工作,实行康复与教育相结合。

第二十七条 国家建立健全院前急救体系,为急危重症患者提供及时、规范、有效的急救服务。

卫生健康主管部门、红十字会等有关部门、组织应当积极开展急救培训,普及急救知识,鼓励医疗卫生人员、经过急救培训的人员积极参与公共场所急救服务。公共场所应当按照规定配备必要的急救设备、设施。

急救中心(站)不得以未付费为由拒绝或者拖延为急危重症患者提供急救服务。

第二十八条 国家发展精神卫生事业,建设完善精神卫生服务体系,维护和增进公民心理健康，预防、治疗精神障碍。

国家采取措施，加强心理健康服务体系和人才队伍建设，促进心理健康教育、心理评估、心理咨询与心理治疗服务的有效衔接，设立为公众提供公益服务的心理援助热线，加强未成年人、残疾人和老年人等重点人群心理健康服务。

第二十九条 基本医疗服务主要由政府举办的医疗卫生机构提供。鼓励社会力量举办的医疗卫生机构提供基本医疗服务。

第三十条 国家推进基本医疗服务实行分级诊疗制度，引导非急诊患者首先到基层医疗卫生机构就诊，实行首诊负责制和转诊审核责任制，逐步建立基层首诊、双向转诊、急慢分治、上下联动的机制，并与基本医疗保险制度相衔接。

县级以上地方人民政府根据本行政区域医疗卫生需求，整合区域内政府举办的医疗卫生资源，因地制宜建立医疗联合体等协同联动的医疗服务合作机制。鼓励社会力量举办的医疗卫生机构参与医疗服务合作机制。

第三十一条 国家推进基层医疗卫生机构实行家庭医生签约服务，建立家庭医生服务团队，与居民签订协议，根据居民健康状况和医疗需求提供基本医疗卫生服务。

第三十二条 公民接受医疗卫生服务，对病情、诊疗方案、医疗风险、医疗费用等事项依法享有知情同意的权利。

需要实施手术、特殊检查、特殊治疗的，医疗卫生人员应当及时向患者说明医疗风险、替代医疗方案等情况，并取得其同意；不能或者不宜向患者说明的，应当向患者的近亲属说明，并取得其同意。法律另有规定的，依照其规定。

开展药物、医疗器械临床试验和其他医学研究应当遵守医学伦理规范，依法通过伦理审查，取得知情同意。

第三十三条 公民接受医疗卫生服务，应当受到尊重。医疗卫生机构、医疗卫生人员应当关心爱护、平等对待患者，尊重患者人格尊严，保护患者隐私。

公民接受医疗卫生服务，应当遵守诊疗制度和医疗卫生服务秩序，尊重医疗卫生人员。

第三章 医疗卫生机构

第三十四条 国家建立健全由基层医疗卫生机构、医院、专业公共卫生机构等组成的城乡全覆盖、功能互补、连续协同的医疗卫生服务体系。

国家加强县级医院、乡镇卫生院、村卫生室、社区卫生服务中心(站)和专业公共卫生机构等的建设,建立健全农村医疗卫生服务网络和城市社区卫生服务网络。

第三十五条 基层医疗卫生机构主要提供预防、保健、健康教育、疾病管理,为居民建立健康档案,常见病、多发病的诊疗以及部分疾病的康复、护理,接收医院转诊患者,向医院转诊超出自身服务能力的患者等基本医疗卫生服务。

医院主要提供疾病诊治,特别是急危重症和疑难病症的诊疗,突发事件医疗处置和救援以及健康教育等医疗卫生服务,并开展医学教育、医疗卫生人员培训、医学科学研究和对基层医疗卫生机构的业务指导等工作。

专业公共卫生机构主要提供传染病、慢性非传染性疾病、职业病、地方病等疾病预防控制和健康教育、妇幼保健、精神卫生、院前急救、采供血、食品安全风险监测评估、出生缺陷防治等公共卫生服务。

第三十六条 各级各类医疗卫生机构应当分工合作,为公民提供预防、保健、治疗、护理、康复、安宁疗护等全方位全周期的医疗卫生服务。

各级人民政府采取措施支持医疗卫生机构与养老机构、儿童福利机构、社区组织建立协作机制,为老年人、孤残儿童提供安全、便捷的医疗和健康服务。

第三十七条 县级以上人民政府应当制定并落实医疗卫生服务体系规划,科学配置医疗卫生资源,举办医疗卫生机构,为公民获得基本医疗卫生服务提供保障。

政府举办医疗卫生机构,应当考虑本行政区域人口、经济社会发展状况、医疗卫生资源、健康危险因素、发病率、患病率以及紧急救治需求等情况。

第三十八条 举办医疗机构,应当具备下列条件,按照国家有关规定办理审批或者备案手续:

(一)有符合规定的名称、组织机构和场所;

(二)有与其开展的业务相适应的经费、设施、设备和医疗卫生人员;

(三)有相应的规章制度;

(四)能够独立承担民事责任;

(五)法律、行政法规规定的其他条件。

医疗机构依法取得执业许可证。禁止伪造、变造、买卖、出租、出借医疗机构执业许可证。

各级各类医疗卫生机构的具体条件和配置应当符合国务院卫生健康主管部门制定的医疗卫生机构标准。

第三十九条 国家对医疗卫生机构实行分类管理。

医疗卫生服务体系坚持以非营利性医疗卫生机构为主体、营利性医疗卫生机构为补充。政府举办非营利性医疗卫生机构，在基本医疗卫生事业中发挥主导作用，保障基本医疗卫生服务公平可及。

以政府资金、捐赠资产举办或者参与举办的医疗卫生机构不得设立为营利性医疗卫生机构。

医疗卫生机构不得对外出租、承包医疗科室。非营利性医疗卫生机构不得向出资人、举办者分配或者变相分配收益。

第四十条 政府举办的医疗卫生机构应当坚持公益性质，所有收支均纳入预算管理，按照医疗卫生服务体系规划合理设置并控制规模。

国家鼓励政府举办的医疗卫生机构与社会力量合作举办非营利性医疗卫生机构。

政府举办的医疗卫生机构不得与其他组织投资设立非独立法人资格的医疗卫生机构，不得与社会资本合作举办营利性医疗卫生机构。

第四十一条 国家采取多种措施，鼓励和引导社会力量依法举办医疗卫生机构，支持和规范社会力量举办的医疗卫生机构与政府举办的医疗卫生机构开展多种类型的医疗业务、学科建设、人才培养等合作。

社会力量举办的医疗卫生机构在基本医疗保险定点、重点专科建设、科研教学、等级评审、特定医疗技术准入、医疗卫生人员职称评定等方面享有与政府举办的医疗卫生机构同等的权利。

社会力量可以选择设立非营利性或者营利性医疗卫生机构。社会力量举办的非营利性医疗卫生机构按照规定享受与政府举办的医疗卫生机构同等的税收、财政补助、用地、用水、用电、用气、用热等政策，并依法接受监督管理。

第四十二条 国家以建成的医疗卫生机构为基础，合理规划与设置国家医学中心和国家、省级区域性医疗中心，诊治疑难重症，研究攻克重大医学难题，培养高层次医疗卫生人才。

第四十三条 医疗卫生机构应当遵守法律、法规、规章，建立健全内部质量管理和控制制度，对医疗卫生服务质量负责。

医疗卫生机构应当按照临床诊疗指南、临床技术操作规范和行业标准以及医学伦理规范等有关要求，合理进行检查、用药、诊疗，加强医疗卫生安全风险防范，优化服务流程，持续改进医疗卫生服务质量。

第四十四条 国家对医疗卫生技术的临床应用进行分类管理，对技术难度大、医疗风险高，服务能力、人员专业技术水平要求较高的医疗卫生技术实行严格管理。

医疗卫生机构开展医疗卫生技术临床应用，应当与其功能任务相适应，遵循科学、安全、规范、有效、经济的原则，并符合伦理。

第四十五条 国家建立权责清晰、管理科学、治理完善、运行高效、监督有力的现代医院管理制度。

医院应当制定章程，建立和完善法人治理结构，提高医疗卫生服务能力和运行效率。

第四十六条 医疗卫生机构执业场所是提供医疗卫生服务的公共场所，任何组织或者个人不得扰乱其秩序。

第四十七条 国家完善医疗风险分担机制，鼓励医疗机构参加医疗责任保险或者建立医疗风险基金，鼓励患者参加医疗意外保险。

第四十八条 国家鼓励医疗卫生机构不断改进预防、保健、诊断、治疗、护理和康复的技术、设备与服务，支持开发适合基层和边远地区应用的医疗卫生技术。

第四十九条 国家推进全民健康信息化，推动健康医疗大数据、人工智能等的应用发展，加快医疗卫生信息基础设施建设，制定健康医疗数据采集、存储、分析和应用的技术标准，运用信息技术促进优质医疗卫生资源的普及与共享。

县级以上人民政府及其有关部门应当采取措施，推进信息技术在医疗卫生领域和医学教育中的应用，支持探索发展医疗卫生服务新模式、新业态。

国家采取措施，推进医疗卫生机构建立健全医疗卫生信息交流和信息安全制度，应用信息技术开展远程医疗服务，构建线上线下一体化医疗服务模式。

第五十条 发生自然灾害、事故灾难、公共卫生事件和社会安全事件等严重威胁人民群众生命健康的突发事件时，医疗卫生机构、医疗卫生人员应当服从政府部门的调遣，参与卫生应急处置和医疗救治。对致病、致残、死亡的参与人员，按照规定给予工伤或者抚恤、烈士褒扬等相关待遇。

第四章　医疗卫生人员

第五十一条　医疗卫生人员应当弘扬敬佑生命、救死扶伤、甘于奉献、大爱无疆的崇高职业精神，遵守行业规范，恪守医德，努力提高专业水平和服务质量。

医疗卫生行业组织、医疗卫生机构、医学院校应当加强对医疗卫生人员的医德医风教育。

第五十二条　国家制定医疗卫生人员培养规划，建立适应行业特点和社会需求的医疗卫生人员培养机制和供需平衡机制，完善医学院校教育、毕业后教育和继续教育体系，建立健全住院医师、专科医师规范化培训制度，建立规模适宜、结构合理、分布均衡的医疗卫生队伍。

国家加强全科医生的培养和使用。全科医生主要提供常见病、多发病的诊疗和转诊、预防、保健、康复，以及慢性病管理、健康管理等服务。

第五十三条　国家对医师、护士等医疗卫生人员依法实行执业注册制度。医疗卫生人员应当依法取得相应的职业资格。

第五十四条　医疗卫生人员应当遵循医学科学规律，遵守有关临床诊疗技术规范和各项操作规范以及医学伦理规范，使用适宜技术和药物，合理诊疗，因病施治，不得对患者实施过度医疗。

医疗卫生人员不得利用职务之便索要、非法收受财物或者牟取其他不正当利益。

第五十五条　国家建立健全符合医疗卫生行业特点的人事、薪酬、奖励制度，体现医疗卫生人员职业特点和技术劳动价值。

对从事传染病防治、放射医学和精神卫生工作以及其他在特殊岗位工作的医疗卫生人员，应当按照国家规定给予适当的津贴。津贴标准应当定期调整。

第五十六条　国家建立医疗卫生人员定期到基层和艰苦边远地区从事医疗卫生工作制度。

国家采取定向免费培养、对口支援、退休返聘等措施，加强基层和艰苦边远地区医疗卫生队伍建设。

执业医师晋升为副高级技术职称的，应当有累计一年以上在县级以下或者对口支援的医疗卫生机构提供医疗卫生服务的经历。

对在基层和艰苦边远地区工作的医疗卫生人员，在薪酬津贴、职称评定、职业发展、教育培训和表彰奖励等方面实行优惠待遇。

国家加强乡村医疗卫生队伍建设，建立县乡村上下贯通的职业发展机制，完善对乡村医疗卫生人员的服务收入多渠道补助机制和养老政策。

第五十七条 全社会应当关心、尊重医疗卫生人员，维护良好安全的医疗卫生服务秩序，共同构建和谐医患关系。

医疗卫生人员的人身安全、人格尊严不受侵犯，其合法权益受法律保护。禁止任何组织或者个人威胁、危害医疗卫生人员人身安全，侵犯医疗卫生人员人格尊严。

国家采取措施，保障医疗卫生人员执业环境。

第五章 药品供应保障

第五十八条 国家完善药品供应保障制度，建立工作协调机制，保障药品的安全、有效、可及。

第五十九条 国家实施基本药物制度，遴选适当数量的基本药物品种，满足疾病防治基本用药需求。

国家公布基本药物目录，根据药品临床应用实践、药品标准变化、药品新上市情况等，对基本药物目录进行动态调整。

基本药物按照规定优先纳入基本医疗保险药品目录。

国家提高基本药物的供给能力，强化基本药物质量监管，确保基本药物公平可及、合理使用。

第六十条 国家建立健全以临床需求为导向的药品审评审批制度，支持临床急需药品、儿童用药品和防治罕见病、重大疾病等药品的研制、生产，满足疾病防治需求。

第六十一条 国家建立健全药品研制、生产、流通、使用全过程追溯制度，加强药品管理，保证药品质量。

第六十二条 国家建立健全药品价格监测体系，开展成本价格调查，加强药品价格监督检查，依法查处价格垄断、价格欺诈、不正当竞争等违法行为，维护药品价格秩序。

国家加强药品分类采购管理和指导。参加药品采购投标的投标人不得以低于成本的报价竞标，不得以欺诈、串通投标、滥用市场支配地位等方式竞标。

第六十三条　国家建立中央与地方两级医药储备，用于保障重大灾情、疫情及其他突发事件等应急需要。

第六十四条　国家建立健全药品供求监测体系，及时收集和汇总分析药品供求信息，定期公布药品生产、流通、使用等情况。

第六十五条　国家加强对医疗器械的管理，完善医疗器械的标准和规范，提高医疗器械的安全有效水平。

国务院卫生健康主管部门和省、自治区、直辖市人民政府卫生健康主管部门应当根据技术的先进性、适宜性和可及性，编制大型医用设备配置规划，促进区域内医用设备合理配置、充分共享。

第六十六条　国家加强中药的保护与发展，充分体现中药的特色和优势，发挥其在预防、保健、医疗、康复中的作用。

第六章　健康促进

第六十七条　各级人民政府应当加强健康教育工作及其专业人才培养，建立健康知识和技能核心信息发布制度，普及健康科学知识，向公众提供科学、准确的健康信息。

医疗卫生、教育、体育、宣传等机构、基层群众性自治组织和社会组织应当开展健康知识的宣传和普及。医疗卫生人员在提供医疗卫生服务时，应当对患者开展健康教育。新闻媒体应当开展健康知识的公益宣传。健康知识的宣传应当科学、准确。

第六十八条　国家将健康教育纳入国民教育体系。学校应当利用多种形式实施健康教育，普及健康知识、科学健身知识、急救知识和技能，提高学生主动防病的意识，培养学生良好的卫生习惯和健康的行为习惯，减少、改善学生近视、肥胖等不良健康状况。

学校应当按照规定开设体育与健康课程，组织学生开展广播体操、眼保健操、体能锻炼等活动。

学校按照规定配备校医，建立和完善卫生室、保健室等。

县级以上人民政府教育主管部门应当按照规定将学生体质健康水平纳入学校考核体系。

第六十九条　公民是自己健康的第一责任人，树立和践行对自己健康负责的健康管理理念,主动学习健康知识,提高健康素养,加强健康管理。倡导家庭成员相互关爱,形成符合自身和家庭特点的健康生活方式。

公民应当尊重他人的健康权利和利益,不得损害他人健康和社会公共利益。

第七十条 国家组织居民健康状况调查和统计,开展体质监测,对健康绩效进行评估,并根据评估结果制定、完善与健康相关的法律、法规、政策和规划。

第七十一条 国家建立疾病和健康危险因素监测、调查和风险评估制度。县级以上人民政府及其有关部门针对影响健康的主要问题,组织开展健康危险因素研究,制定综合防治措施。

国家加强影响健康的环境问题预防和治理,组织开展环境质量对健康影响的研究,采取措施预防和控制与环境问题有关的疾病。

第七十二条 国家大力开展爱国卫生运动,鼓励和支持开展爱国卫生月等群众性卫生与健康活动,依靠和动员群众控制和消除健康危险因素,改善环境卫生状况,建设健康城市、健康村镇、健康社区。

第七十三条 国家建立科学、严格的食品、饮用水安全监督管理制度,提高安全水平。

第七十四条 国家建立营养状况监测制度,实施经济欠发达地区、重点人群营养干预计划,开展未成年人和老年人营养改善行动,倡导健康饮食习惯,减少不健康饮食引起的疾病风险。

第七十五条 国家发展全民健身事业,完善覆盖城乡的全民健身公共服务体系,加强公共体育设施建设,组织开展和支持全民健身活动,加强全民健身指导服务,普及科学健身知识和方法。

国家鼓励单位的体育场地设施向公众开放。

第七十六条 国家制定并实施未成年人、妇女、老年人、残疾人等的健康工作计划,加强重点人群健康服务。

国家推动长期护理保障工作,鼓励发展长期护理保险。

第七十七条 国家完善公共场所卫生管理制度。县级以上人民政府卫生健康等主管部门应当加强对公共场所的卫生监督。公共场所卫生监督信息应当依法向社会公开。

公共场所经营单位应当建立健全并严格实施卫生管理制度,保证其经营活动持续符合国家对公共场所的卫生要求。

第七十八条 国家采取措施，减少吸烟对公民健康的危害。

公共场所控制吸烟，强化监督执法。

烟草制品包装应当印制带有说明吸烟危害的警示。

禁止向未成年人出售烟酒。

第七十九条 用人单位应当为职工创造有益于健康的环境和条件，严格执行劳动安全卫生等相关规定，积极组织职工开展健身活动，保护职工健康。

国家鼓励用人单位开展职工健康指导工作。

国家提倡用人单位为职工定期开展健康检查。法律、法规对健康检查有规定的，依照其规定。

第七章 资金保障

第八十条 各级人民政府应当切实履行发展医疗卫生与健康事业的职责，建立与经济社会发展、财政状况和健康指标相适应的医疗卫生与健康事业投入机制，将医疗卫生与健康促进经费纳入本级政府预算，按照规定主要用于保障基本医疗服务、公共卫生服务、基本医疗保障和政府举办的医疗卫生机构建设和运行发展。

第八十一条 县级以上人民政府通过预算、审计、监督执法、社会监督等方式，加强资金的监督管理。

第八十二条 基本医疗服务费用主要由基本医疗保险基金和个人支付。国家依法多渠道筹集基本医疗保险基金，逐步完善基本医疗保险可持续筹资和保障水平调整机制。

公民有依法参加基本医疗保险的权利和义务。用人单位和职工按照国家规定缴纳职工基本医疗保险费。城乡居民按照规定缴纳城乡居民基本医疗保险费。

第八十三条 国家建立以基本医疗保险为主体，商业健康保险、医疗救助、职工互助医疗和医疗慈善服务等为补充的、多层次的医疗保障体系。

国家鼓励发展商业健康保险，满足人民群众多样化健康保障需求。

国家完善医疗救助制度，保障符合条件的困难群众获得基本医疗服务。

第八十四条 国家建立健全基本医疗保险经办机构与协议定点医疗卫生机构之间的协商谈判机制，科学合理确定基本医疗保险基金支付标准和支付方式，引导医疗卫生机构合理诊疗，促进患者有序流动，提高基本医疗保险基金使用效益。

第八十五条 基本医疗保险基金支付范围由国务院医疗保障主管部门组织制定，并应当听取国务院卫生健康主管部门、中医药主管部门、药品监督管理部门、财政部门等的意见。

省、自治区、直辖市人民政府可以按照国家有关规定，补充确定本行政区域基本医疗保险基金支付的具体项目和标准，并报国务院医疗保障主管部门备案。

国务院医疗保障主管部门应当对纳入支付范围的基本医疗保险药品目录、诊疗项目、医疗服务设施标准等组织开展循证医学和经济性评价，并应当听取国务院卫生健康主管部门、中医药主管部门、药品监督管理部门、财政部门等有关方面的意见。评价结果应当作为调整基本医疗保险基金支付范围的依据。

第八章 监督管理

第八十六条 国家建立健全机构自治、行业自律、政府监管、社会监督相结合的医疗卫生综合监督管理体系。

县级以上人民政府卫生健康主管部门对医疗卫生行业实行属地化、全行业监督管理。

第八十七条 县级以上人民政府医疗保障主管部门应当提高医疗保障监管能力和水平，对纳入基本医疗保险基金支付范围的医疗服务行为和医疗费用加强监督管理，确保基本医疗保险基金合理使用、安全可控。

第八十八条 县级以上人民政府应当组织卫生健康、医疗保障、药品监督管理、发展改革、财政等部门建立沟通协商机制，加强制度衔接和工作配合，提高医疗卫生资源使用效率和保障水平。

第八十九条 县级以上人民政府应当定期向本级人民代表大会或者其常务委员会报告基本医疗卫生与健康促进工作，依法接受监督。

第九十条 县级以上人民政府有关部门未履行医疗卫生与健康促进工作相关职责的，本级人民政府或者上级人民政府有关部门应当对其主要负责人进行约谈。

地方人民政府未履行医疗卫生与健康促进工作相关职责的，上级人民政府应当对其主要负责人进行约谈。

被约谈的部门和地方人民政府应当立即采取措施，进行整改。

约谈情况和整改情况应当纳入有关部门和地方人民政府工作评议、考核记录。

第九十一条 县级以上地方人民政府卫生健康主管部门应当建立医疗卫生机构绩效评估制度，组织对医疗卫生机构的服务质量、医疗技术、药品和医用设备使用等情况进行评估。评估应当吸收行业组织和公众参与。评估结果应当以适当方式向社会公开，作为评价医疗卫生机构和卫生监管的重要依据。

第九十二条 国家保护公民个人健康信息，确保公民个人健康信息安全。任何组织或者个人不得非法收集、使用、加工、传输公民个人健康信息，不得非法买卖、提供或者公开公民个人健康信息。

第九十三条 县级以上人民政府卫生健康主管部门、医疗保障主管部门应当建立医疗卫生机构、人员等信用记录制度，纳入全国信用信息共享平台，按照国家规定实施联合惩戒。

第九十四条 县级以上地方人民政府卫生健康主管部门及其委托的卫生健康监督机构，依法开展本行政区域医疗卫生等行政执法工作。

第九十五条 县级以上人民政府卫生健康主管部门应当积极培育医疗卫生行业组织，发挥其在医疗卫生与健康促进工作中的作用，支持其参与行业管理规范、技术标准制定和医疗卫生评价、评估、评审等工作。

第九十六条 国家建立医疗纠纷预防和处理机制，妥善处理医疗纠纷，维护医疗秩序。

第九十七条 国家鼓励公民、法人和其他组织对医疗卫生与健康促进工作进行社会监督。

任何组织和个人对违反本法规定的行为，有权向县级以上人民政府卫生健康主管部门和其他有关部门投诉、举报。

第九章 法律责任

第九十八条 违反本法规定，地方各级人民政府、县级以上人民政府卫生健康主管部门和其他有关部门，滥用职权、玩忽职守、徇私舞弊的，对直接负责的主管人员和其他直接责任人员依法给予处分。

第九十九条 违反本法规定，未取得医疗机构执业许可证擅自执业的，由县级以上人民政府卫生健康主管部门责令停止执业活动，没收违法所得和药品、医疗器械,并处违法所得五倍以上二十倍以下的罚款,违法所得不足一万元的,按一万元计算。

违反本法规定,伪造、变造、买卖、出租、出借医疗机构执业许可证的,由县级以上人民政府卫生健康主管部门责令改正,没收违法所得,并处违法所得五倍以上十五倍以下的罚款,违法所得不足一万元的,按一万元计算;情节严重的,吊销医疗机构执业许可证。

第一百条 违反本法规定,有下列行为之一的,由县级以上人民政府卫生健康主管部门责令改正,没收违法所得,并处违法所得二倍以上十倍以下的罚款,违法所得不足一万元的,按一万元计算;对直接负责的主管人员和其他直接责任人员依法给予处分:

(一)政府举办的医疗卫生机构与其他组织投资设立非独立法人资格的医疗卫生机构;

(二)医疗卫生机构对外出租、承包医疗科室;

(三)非营利性医疗卫生机构向出资人、举办者分配或者变相分配收益。

第一百零一条 违反本法规定,医疗卫生机构等的医疗信息安全制度、保障措施不健全,导致医疗信息泄露,或者医疗质量管理和医疗技术管理制度、安全措施不健全的,由县级以上人民政府卫生健康等主管部门责令改正,给予警告,并处一万元以上五万元以下的罚款;情节严重的,可以责令停止相应执业活动,对直接负责的主管人员和其他直接责任人员依法追究法律责任。

第一百零二条 违反本法规定,医疗卫生人员有下列行为之一的,由县级以上人民政府卫生健康主管部门依照有关执业医师、护士管理和医疗纠纷预防处理等法律、行政法规的规定给予行政处罚:

(一)利用职务之便索要、非法收受财物或者牟取其他不正当利益;

(二)泄露公民个人健康信息;

(三)在开展医学研究或提供医疗卫生服务过程中未按照规定履行告知义务或者违反医学伦理规范。

前款规定的人员属于政府举办的医疗卫生机构中的人员的,依法给予处分。

第一百零三条 违反本法规定,参加药品采购投标的投标人以低于成本的报价竞标,或者以欺诈、串通投标、滥用市场支配地位等方式竞标的,由县级以上人民政府医疗保障主管部门责令改正,没收违法所得;中标的,中标无效,处中标项目金额千分之五以上千分之十以下的罚款，对法定代表人、主要负责人、直接负责的主管人员和其他责任人员处对单位罚款数额百分之五以上百分之十以下的罚款；情节严重的，取消其二年至五年内参加药品采购投标的资格并予以公告。

第一百零四条 违反本法规定，以欺诈、伪造证明材料或者其他手段骗取基本医疗保险待遇，或者基本医疗保险经办机构以及医疗机构、药品经营单位等以欺诈、伪造证明材料或者其他手段骗取基本医疗保险基金支出的，由县级以上人民政府医疗保障主管部门依照有关社会保险的法律、行政法规规定给予行政处罚。

第一百零五条 违反本法规定，扰乱医疗卫生机构执业场所秩序，威胁、危害医疗卫生人员人身安全，侵犯医疗卫生人员人格尊严，非法收集、使用、加工、传输公民个人健康信息，非法买卖、提供或者公开公民个人健康信息等，构成违反治安管理行为的，依法给予治安管理处罚。

第一百零六条 违反本法规定，构成犯罪的，依法追究刑事责任；造成人身、财产损害的，依法承担民事责任。

第十章 附　　则

第一百零七条 本法中下列用语的含义：

（一）主要健康指标，是指人均预期寿命、孕产妇死亡率、婴儿死亡率、五岁以下儿童死亡率等。

（二）医疗卫生机构，是指基层医疗卫生机构、医院和专业公共卫生机构等。

（三）基层医疗卫生机构，是指乡镇卫生院、社区卫生服务中心（站）、村卫生室、医务室、门诊部和诊所等。

（四）专业公共卫生机构，是指疾病预防控制中心、专科疾病防治机构、健康教育机构、急救中心（站）和血站等。

（五）医疗卫生人员，是指执业医师、执业助理医师、注册护士、药师（士）、检验技师（士）、影像技师（士）和乡村医生等卫生专业人员。

（六）基本药物，是指满足疾病防治基本用药需求，适应现阶段基本国情和保障能力，剂型适宜，价格合理，能够保障供应，可公平获得的药品。

第一百零八条 省、自治区、直辖市和设区的市、自治州可以结合实际，制定本地方发展医疗卫生与健康事业的具体办法。

第一百零九条 中国人民解放军和中国人民武装警察部队的医疗卫生与健康促进工作，由国务院和中央军事委员会依照本法制定管理办法。

第一百一十条 本法自2020年6月1日起施行。

3. 最高人民法院
关于审理商标授权确权行政案件
若干问题的规定

（2016年12月12日最高人民法院审判委员会第1703次会议通过 根据2020年12月23日最高人民法院审判委员会第1823次会议通过的《最高人民法院关于修改〈最高人民法院关于审理侵犯专利权纠纷案件应用法律若干问题的解释（二）〉等十八件知识产权类司法解释的决定》修正 法释〔2020〕19号 2020年12月29日公布 自2021年1月1日起施行）

第一条 本规定所称商标授权确权行政案件，是指相对人或者利害关系人因不服国家知识产权局作出的商标驳回复审、商标不予注册复审、商标撤销复审、商标无效宣告及无效宣告复审等行政行为，向人民法院提起诉讼的案件。

第二条 人民法院对商标授权确权行政行为进行审查的范围，一般应根据原告的诉讼请求及理由确定。原告在诉讼中未提出主张，但国家知识产权局相关认定存在明显不当的，人民法院在各方当事人陈述意见后，可以对相关事由进行审查并作出裁判。

第三条 商标法第十条第一款第（一）项规定的同中华人民共和国的国家名称等"相同或者近似"，是指商标标志整体上与国家名称等相同或者近似。

对于含有中华人民共和国的国家名称等，但整体上并不相同或者不相近似的标志，如果该标志作为商标注册可能导致损害国家尊严的，人民法院可以认定属于商标法第十条第一款第（八）项规定的情形。

第四条 商标标志或者其构成要素带有欺骗性，容易使公众对商品的质量等特点或者产地产生误认，国家知识产权局认定其属于2001年修正的商标法第十条第一款第（七）项规定情形的，人民法院予以支持。

第五条 商标标志或者其构成要素可能对我国社会公共利益和公共秩序产生消极、负面影响的，人民法院可以认定其属于商标法第十条第一款第（八）项规定的“其他不良影响”。

将政治、经济、文化、宗教、民族等领域公众人物姓名等申请注册为商标，属于前款所指的“其他不良影响”。

第六条 商标标志由县级以上行政区划的地名或者公众知晓的外国地名和其他要素组成，如果整体上具有区别于地名的含义，人民法院应当认定其不属于商标法第十条第二款所指情形。

第七条 人民法院审查诉争商标是否具有显著特征，应当根据商标所指定使用商品的相关公众的通常认识，判断该商标整体上是否具有显著特征。商标标志中含有描述性要素，但不影响其整体具有显著特征的；或者描述性标志以独特方式加以表现，相关公众能够以其识别商品来源的，应当认定其具有显著特征。

第八条 诉争商标为外文标志时，人民法院应当根据中国境内相关公众的通常认识，对该外文商标是否具有显著特征进行审查判断。标志中外文的固有含义可能影响其在指定使用商品上的显著特征，但相关公众对该固有含义的认知程度较低，能够以该标志识别商品来源的，可以认定其具有显著特征。

第九条 仅以商品自身形状或者自身形状的一部分作为三维标志申请注册商标，相关公众一般情况下不易将其识别为指示商品来源标志的，该三维标志不具有作为商标的显著特征。

该形状系申请人所独创或者最早使用并不能当然导致其具有作为商标的显著特征。

第一款所称标志经过长期或者广泛使用，相关公众能够通过该标志识别商品来源的，可以认定该标志具有显著特征。

第十条 诉争商标属于法定的商品名称或者约定俗成的商品名称的，人民法院应当认定其属于商标法第十一条第一款第（一）项所指的通用名称。依据法律规定或者国家标准、行业标准属于商品通用名称的，应当认定为通用名称。相关公众普遍认为某一名称能够指代一类商品的，应当认定为约定俗成的通用名称。被专业工具书、辞典等列为商品名称的，可以作为认定约定俗成的通用名称的参考。

约定俗成的通用名称一般以全国范围内相关公众的通常认识为判断标准。对于由于历史传统、风土人情、地理环境等原因形成的相关市场固定的商品，在该相关市场内通用的称谓，人民法院可以认定为通用名称。

诉争商标申请人明知或者应知其申请注册的商标为部分区域内约定俗成的商品名称的，人民法院可以视其申请注册的商标为通用名称。

人民法院审查判断诉争商标是否属于通用名称，一般以商标申请日时的事实状态为准。核准注册时事实状态发生变化的，以核准注册时的事实状态判断其是否属于通用名称。

第十一条 商标标志只是或者主要是描述、说明所使用商品的质量、主要原料、功能、用途、重量、数量、产地等的，人民法院应当认定其属于商标法第十一条第一款第(二)项规定的情形。商标标志或者其构成要素暗示商品的特点，但不影响其识别商品来源功能的，不属于该项所规定的情形。

第十二条 当事人依据商标法第十三条第二款主张诉争商标构成对其未注册的驰名商标的复制、摹仿或者翻译而不应予以注册或者应予无效的，人民法院应当综合考量如下因素以及因素之间的相互影响，认定是否容易导致混淆：

(一)商标标志的近似程度；

(二)商品的类似程度；

(三)请求保护商标的显著性和知名程度；

(四)相关公众的注意程度；

(五)其他相关因素。

商标申请人的主观意图以及实际混淆的证据可以作为判断混淆可能性的参考因素。

第十三条 当事人依据商标法第十三条第三款主张诉争商标构成对其已注册的驰名商标的复制、摹仿或者翻译而不应予以注册或者应予无效的，人民法院应当综合考虑如下因素，以认定诉争商标的使用是否足以使相关公众认为其与驰名商标具有相当程度的联系，从而误导公众，致使驰名商标注册人的利益可能受到损害：

（一）引证商标的显著性和知名程度；

（二）商标标志是否足够近似；

（三）指定使用的商品情况；

（四）相关公众的重合程度及注意程度；

（五）与引证商标近似的标志被其他市场主体合法使用的情况或者其他相关因素。

第十四条 当事人主张诉争商标构成对其已注册的驰名商标的复制、摹仿或者翻译而不应予以注册或者应予无效，国家知识产权局依据商标法第三十条规定裁决支持其主张的，如果诉争商标注册未满五年，人民法院在当事人陈述意见之后，可以按照商标法第三十条规定进行审理；如果诉争商标注册已满五年，应当适用商标法第十三条第三款进行审理。

第十五条 商标代理人、代表人或者经销、代理等销售代理关系意义上的代理人、代表人未经授权，以自己的名义将与被代理人或者被代表人的商标相同或者近似的商标在相同或者类似商品上申请注册的，人民法院适用商标法第十五条第一款的规定进行审理。

在为建立代理或者代表关系的磋商阶段，前款规定的代理人或者代表人将被代理人或者被代表人的商标申请注册的，人民法院适用商标法第十五条第一款的规定进行审理。

商标申请人与代理人或者代表人之间存在亲属关系等特定身份关系的，可以推定其商标注册行为系与该代理人或者代表人恶意串通，人民法院适用商标法第十五条第一款的规定进行审理。

第十六条 以下情形可以认定为商标法第十五条第二款中规定的“其他关系”：

（一）商标申请人与在先使用人之间具有亲属关系；

（二）商标申请人与在先使用人之间具有劳动关系；

（三）商标申请人与在先使用人营业地址邻近；

（四）商标申请人与在先使用人曾就达成代理、代表关系进行过磋商，但未形成代理、代表关系；

（五）商标申请人与在先使用人曾就达成合同、业务往来关系进行过磋商，但未达成合同、业务往来关系。

第十七条　地理标志利害关系人依据商标法第十六条主张他人商标不应予以注册或者应予无效,如果诉争商标指定使用的商品与地理标志产品并非相同商品,而地理标志利害关系人能够证明诉争商标使用在该产品上仍然容易导致相关公众误认为该产品来源于该地区并因此具有特定的质量、信誉或者其他特征的,人民法院予以支持。

如果该地理标志已经注册为集体商标或者证明商标,集体商标或者证明商标的权利人或者利害关系人可选择依据该条或者另行依据商标法第十三条、第三十条等主张权利。

第十八条　商标法第三十二条规定的在先权利,包括当事人在诉争商标申请日之前享有的民事权利或者其他应予保护的合法权益。诉争商标核准注册时在先权利已不存在的,不影响诉争商标的注册。

第十九条　当事人主张诉争商标损害其在先著作权的,人民法院应当依照著作权法等相关规定,对所主张的客体是否构成作品、当事人是否为著作权人或者其他有权主张著作权的利害关系人以及诉争商标是否构成对著作权的侵害等进行审查。

商标标志构成受著作权法保护的作品的,当事人提供的涉及商标标志的设计底稿、原件、取得权利的合同、诉争商标申请日之前的著作权登记证书等,均可以作为证明著作权归属的初步证据。

商标公告、商标注册证等可以作为确定商标申请人为有权主张商标标志著作权的利害关系人的初步证据。

第二十条　当事人主张诉争商标损害其姓名权,如果相关公众认为该商标标志指代了该自然人,容易认为标记有该商标的商品系经过该自然人许可或者与该自然人存在特定联系的,人民法院应当认定该商标损害了该自然人的姓名权。

当事人以其笔名、艺名、译名等特定名称主张姓名权,该特定名称具有一定的知名度,与该自然人建立了稳定的对应关系,相关公众以其指代该自然人的,人民法院予以支持。

第二十一条　当事人主张的字号具有一定的市场知名度,他人未经许可申请注册与该字号相同或者近似的商标,容易导致相关公众对商品来源产生混淆,当事人以此主张构成在先权益的，人民法院予以支持。

当事人以具有一定市场知名度并已与企业建立稳定对应关系的企业名称的简称为依据提出主张的，适用前款规定。

第二十二条 当事人主张诉争商标损害角色形象著作权的，人民法院按照本规定第十九条进行审查。

对于著作权保护期限内的作品，如果作品名称、作品中的角色名称等具有较高知名度，将其作为商标使用在相关商品上容易导致相关公众误认为其经过权利人的许可或者与权利人存在特定联系，当事人以此主张构成在先权益的，人民法院予以支持。

第二十三条 在先使用人主张商标申请人以不正当手段抢先注册其在先使用并有一定影响的商标的，如果在先使用商标已经有一定影响，而商标申请人明知或者应知该商标，即可推定其构成“以不正当手段抢先注册”。但商标申请人举证证明其没有利用在先使用商标商誉的恶意的除外。

在先使用人举证证明其在先商标有一定的持续使用时间、区域、销售量或者广告宣传的，人民法院可以认定为有一定影响。

在先使用人主张商标申请人在与其不相类似的商品上申请注册其在先使用并有一定影响的商标，违反商标法第三十二条规定的，人民法院不予支持。

第二十四条 以欺骗手段以外的其他方式扰乱商标注册秩序、损害公共利益、不正当占用公共资源或者谋取不正当利益的，人民法院可以认定其属于商标法第四十四条第一款规定的“其他不正当手段”。

第二十五条 人民法院判断诉争商标申请人是否“恶意注册”他人驰名商标，应综合考虑引证商标的知名度、诉争商标申请人申请诉争商标的理由以及使用诉争商标的具体情形来判断其主观意图。引证商标知名度高、诉争商标申请人没有正当理由的，人民法院可以推定其注册构成商标法第四十五条第一款所指的“恶意注册”。

第二十六条 商标权人自行使用、他人经许可使用以及其他不违背商标权人意志的使用，均可认定为商标法第四十九条第二款所称的使用。

实际使用的商标标志与核准注册的商标标志有细微差别，但未改变其显著特征的，可以视为注册商标的使用。

没有实际使用注册商标，仅有转让或者许可行为；或者仅是公布商标注册信息、声明享有注册商标专用权的,不认定为商标使用。

商标权人有真实使用商标的意图,并且有实际使用的必要准备,但因其他客观原因尚未实际使用注册商标的,人民法院可以认定其有正当理由。

第二十七条 当事人主张国家知识产权局下列情形属于行政诉讼法第七十条第(三)项规定的"违反法定程序"的,人民法院予以支持:

(一)遗漏当事人提出的评审理由,对当事人权利产生实际影响的;

(二)评审程序中未告知合议组成员,经审查确有应当回避事由而未回避的;

(三)未通知适格当事人参加评审,该方当事人明确提出异议的;

(四)其他违反法定程序的情形。

第二十八条 人民法院审理商标授权确权行政案件的过程中,国家知识产权局对诉争商标予以驳回、不予核准注册或者予以无效宣告的事由不复存在的,人民法院可以依据新的事实撤销国家知识产权局相关裁决,并判令其根据变更后的事实重新作出裁决。

第二十九条 当事人依据在原行政行为之后新发现的证据,或者在原行政程序中因客观原因无法取得或在规定的期限内不能提供的证据,或者新的法律依据提出的评审申请,不属于以"相同的事实和理由"再次提出评审申请。

在商标驳回复审程序中,国家知识产权局以申请商标与引证商标不构成使用在同一种或者类似商品上的相同或者近似商标为由准予申请商标初步审定公告后,以下情形不视为"以相同的事实和理由"再次提出评审申请:

(一)引证商标所有人或者利害关系人依据该引证商标提出异议,国家知识产权局予以支持,被异议商标申请人申请复审的;

(二)引证商标所有人或者利害关系人在申请商标获准注册后依据该引证商标申请宣告其无效的。

第三十条 人民法院生效裁判对于相关事实和法律适用已作出明确认定,相对人或者利害关系人对于国家知识产权局依据该生效裁判重新作出的裁决提起诉讼的,人民法院依法裁定不予受理;已经受理的,裁定驳回起诉。

第三十一条 本规定自 2017 年 3 月 1 日起施行。人民法院依据 2001 年修正的商标法审理的商标授权确权行政案件可参照适用本规定。

4. 最高人民法院
关于审理利用信息网络侵害人身权益
民事纠纷案件适用法律若干问题的规定

（2014 年 6 月 23 日由最高人民法院审判委员会第 1621 次会议通过　根据 2020 年 12 月 23 日最高人民法院审判委员会第 1823 次会议通过的《最高人民法院关于修改〈最高人民法院关于在民事审判工作中适用《中华人民共和国工会法》若干问题的解释〉等二十七件民事类司法解释的决定》修正　法释〔2020〕17 号　2020 年 12 月 29 日公布　自 2021 年 1 月 1 日起施行）

为正确审理利用信息网络侵害人身权益民事纠纷案件，根据《中华人民共和国民法典》《全国人民代表大会常务委员会关于加强网络信息保护的决定》《中华人民共和国民事诉讼法》等法律的规定，结合审判实践，制定本规定。

第一条　本规定所称的利用信息网络侵害人身权益民事纠纷案件，是指利用信息网络侵害他人姓名权、名称权、名誉权、荣誉权、肖像权、隐私权等人身权益引起的纠纷案件。

第二条　原告依据民法典第一千一百九十五条、第一千一百九十七条的规定起诉网络用户或者网络服务提供者的，人民法院应予受理。

原告仅起诉网络用户，网络用户请求追加涉嫌侵权的网络服务提供者为共同被告或者第三人的，人民法院应予准许。

原告仅起诉网络服务提供者，网络服务提供者请求追加可以确定的网络用户为共同被告或者第三人的，人民法院应予准许。

第三条　原告起诉网络服务提供者，网络服务提供者以涉嫌侵权的信息系网络用户发布为由抗辩的，人民法院可以根据原告的请求及案件的具体情况，责令网络服务提供者向人民法院提供能够确定涉嫌侵权的网络用户的姓名（名称）、联系方式、网络地址等信息。

网络服务提供者无正当理由拒不提供的，人民法院可以依据民事诉讼法第一百一十四条的规定对网络服务提供者采取处罚等措施。

原告根据网络服务提供者提供的信息请求追加网络用户为被告的，人民法院应予准许。

第四条 人民法院适用民法典第一千一百九十五条第二款的规定，认定网络服务提供者采取的删除、屏蔽、断开链接等必要措施是否及时，应当根据网络服务的类型和性质、有效通知的形式和准确程度、网络信息侵害权益的类型和程度等因素综合判断。

第五条 其发布的信息被采取删除、屏蔽、断开链接等措施的网络用户，主张网络服务提供者承担违约责任或者侵权责任，网络服务提供者以收到民法典第一千一百九十五条第一款规定的有效通知为由抗辩的，人民法院应予支持。

第六条 人民法院依据民法典第一千一百九十七条认定网络服务提供者是否"知道或者应当知道"，应当综合考虑下列因素：

（一）网络服务提供者是否以人工或者自动方式对侵权网络信息以推荐、排名、选择、编辑、整理、修改等方式作出处理；

（二）网络服务提供者应当具备的管理信息的能力，以及所提供服务的性质、方式及其引发侵权的可能性大小；

（三）该网络信息侵害人身权益的类型及明显程度；

（四）该网络信息的社会影响程度或者一定时间内的浏览量；

（五）网络服务提供者采取预防侵权措施的技术可能性及其是否采取了相应的合理措施；

（六）网络服务提供者是否针对同一网络用户的重复侵权行为或者同一侵权信息采取了相应的合理措施；

（七）与本案相关的其他因素。

第七条 人民法院认定网络用户或者网络服务提供者转载网络信息行为的过错及其程度，应当综合以下因素：

（一）转载主体所承担的与其性质、影响范围相适应的注意义务；

（二）所转载信息侵害他人人身权益的明显程度；

（三）对所转载信息是否作出实质性修改，是否添加或者修改文章标题，导致其与内容严重不符以及误导公众的可能性。

第八条 网络用户或者网络服务提供者采取诽谤、诋毁等手段，损害公众对经营主体的信赖，降低其产品或者服务的社会评价，经营主体请求网络用户或者网络服务提供者承担侵权责任的，人民法院应依法予以支持。

第九条 网络用户或者网络服务提供者，根据国家机关依职权制作的文书和公开实施的职权行为等信息来源所发布的信息，有下列情形之一，侵害他人人身权益，被侵权人请求侵权人承担侵权责任的，人民法院应予支持：

（一）网络用户或者网络服务提供者发布的信息与前述信息来源内容不符；

（二）网络用户或者网络服务提供者以添加侮辱性内容、诽谤性信息、不当标题或者通过增删信息、调整结构、改变顺序等方式致人误解；

（三）前述信息来源已被公开更正，但网络用户拒绝更正或者网络服务提供者不予更正；

（四）前述信息来源已被公开更正，网络用户或者网络服务提供者仍然发布更正之前的信息。

第十条 被侵权人与构成侵权的网络用户或者网络服务提供者达成一方支付报酬，另一方提供删除、屏蔽、断开链接等服务的协议，人民法院应认定为无效。

擅自篡改、删除、屏蔽特定网络信息或者以断开链接的方式阻止他人获取网络信息，发布该信息的网络用户或者网络服务提供者请求侵权人承担侵权责任的，人民法院应予支持。接受他人委托实施该行为的，委托人与受托人承担连带责任。

第十一条 网络用户或者网络服务提供者侵害他人人身权益，造成财产损失或者严重精神损害，被侵权人依据民法典第一千一百八十二条和第一千一百八十三条的规定，请求其承担赔偿责任的，人民法院应予支持。

第十二条 被侵权人为制止侵权行为所支付的合理开支，可以认定为民法典第一千一百八十二条规定的财产损失。合理开支包括被侵权人或者委托代理人对侵权行为进行调查、取证的合理费用。人民法院根据当事人的请求和具体案情，可以将符合国家有关部门规定的律师费用计算在赔偿范围内。

被侵权人因人身权益受侵害造成的财产损失以及侵权人因此获得的利益难以确定的，人民法院可以根据具体案情在50万元以下的范围内确定赔偿数额。

第十三条 本规定施行后人民法院正在审理的一审、二审案件适用本规定。

本规定施行前已经终审,本规定施行后当事人申请再审或者按照审判监督程序决定再审的案件,不适用本规定。

5. 最高人民法院关于审理注册商标、企业名称与在先权利冲突的民事纠纷案件若干问题的规定

(2008年2月18日由最高人民法院审判委员会第1444次会议通过 根据2020年12月23日最高人民法院审判委员会第1823次会议通过的《最高人民法院关于修改〈最高人民法院关于审理侵犯专利权纠纷案件应用法律若干问题的解释(二)〉等十八件知识产权类司法解释的决定》修正 法释〔2020〕19号 2020年12月29日公布 自2021年1月1日起施行)

为正确审理注册商标、企业名称与在先权利冲突的民事纠纷案件,根据《中华人民共和国民法典》《中华人民共和国商标法》《中华人民共和国反不正当竞争法》和《中华人民共和国民事诉讼法》等法律的规定,结合审判实践,制定本规定。

第一条 原告以他人注册商标使用的文字、图形等侵犯其著作权、外观设计专利权、企业名称权等在先权利为由提起诉讼,符合民事诉讼法第一百一十九条规定的,人民法院应当受理。

原告以他人使用在核定商品上的注册商标与其在先的注册商标相同或者近似为由提起诉讼的,人民法院应当根据民事诉讼法第一百二十四条第(三)项的规定,告知原告向有关行政主管机关申请解决。但原告以他人超出核定商品的范围或者以改变显著特征、拆分、组合等方式使用的注册商标,与其注册商标相同或者近似为由提起诉讼的,人民法院应当受理。

第二条 原告以他人企业名称与其在先的企业名称相同或者近似,足以使相

关公众对其商品的来源产生混淆，违反反不正当竞争法第六条第（二）项的规定为由提起诉讼，符合民事诉讼法第一百一十九条规定的，人民法院应当受理。

第三条 人民法院应当根据原告的诉讼请求和争议民事法律关系的性质，按照民事案件案由规定，确定注册商标或者企业名称与在先权利冲突的民事纠纷案件的案由，并适用相应的法律。

第四条 被诉企业名称侵犯注册商标专用权或者构成不正当竞争的，人民法院可以根据原告的诉讼请求和案件具体情况，确定被告承担停止使用、规范使用等民事责任。

6. 最高人民法院关于审理专利纠纷案件适用法律问题的若干规定

（2001年6月19日最高人民法院审判委员会第1180次会议通过　根据2013年2月25日最高人民法院审判委员会第1570次会议通过的《最高人民法院关于修改〈最高人民法院关于审理专利纠纷案件适用法律问题的若干规定〉的决定》第一次修正　根据2015年1月19日最高人民法院审判委员会第1641次会议通过的《最高人民法院关于修改〈最高人民法院关于审理专利纠纷案件适用法律问题的若干规定〉的决定》第二次修正　根据2020年12月23日最高人民法院审判委员会第1823次会议通过的《最高人民法院关于修改〈最高人民法院关于审理侵犯专利权纠纷案件应用法律若干问题的解释（二）〉等十八件知识产权类司法解释的决定》第三次修正　法释〔2020〕19号　2020年12月29日公布　自2021年1月1日起施行）

为了正确审理专利纠纷案件，根据《中华人民共和国民法典》《中华人民共和

国专利法》《中华人民共和国民事诉讼法》和《中华人民共和国行政诉讼法》等法律的规定,作如下规定:

第一条 人民法院受理下列专利纠纷案件:

1. 专利申请权权属纠纷案件;
2. 专利权权属纠纷案件;
3. 专利合同纠纷案件;
4. 侵害专利权纠纷案件;
5. 假冒他人专利纠纷案件;
6. 发明专利临时保护期使用费纠纷案件;
7. 职务发明创造发明人、设计人奖励、报酬纠纷案件;
8. 诉前申请行为保全纠纷案件;
9. 诉前申请财产保全纠纷案件;
10. 因申请行为保全损害责任纠纷案件;
11. 因申请财产保全损害责任纠纷案件;
12. 发明创造发明人、设计人署名权纠纷案件;
13. 确认不侵害专利权纠纷案件;
14. 专利权宣告无效后返还费用纠纷案件;
15. 因恶意提起专利权诉讼损害责任纠纷案件;
16. 标准必要专利使用费纠纷案件;
17. 不服国务院专利行政部门维持驳回申请复审决定案件;
18. 不服国务院专利行政部门专利权无效宣告请求决定案件;
19. 不服国务院专利行政部门实施强制许可决定案件;
20. 不服国务院专利行政部门实施强制许可使用费裁决案件;
21. 不服国务院专利行政部门行政复议决定案件;
22. 不服国务院专利行政部门作出的其他行政决定案件;
23. 不服管理专利工作的部门行政决定案件;
24. 确认是否落入专利权保护范围纠纷案件;
25. 其他专利纠纷案件。

第二条 因侵犯专利权行为提起的诉讼,由侵权行为地或者被告住所地人民法院管辖。

侵权行为地包括：被诉侵犯发明、实用新型专利权的产品的制造、使用、许诺销售、销售、进口等行为的实施地；专利方法使用行为的实施地，依照该专利方法直接获得的产品的使用、许诺销售、销售、进口等行为的实施地；外观设计专利产品的制造、许诺销售、销售、进口等行为的实施地；假冒他人专利的行为实施地。上述侵权行为的侵权结果发生地。

第三条 原告仅对侵权产品制造者提起诉讼，未起诉销售者，侵权产品制造地与销售地不一致的，制造地人民法院有管辖权；以制造者与销售者为共同被告起诉的，销售地人民法院有管辖权。

销售者是制造者分支机构，原告在销售地起诉侵权产品制造者制造、销售行为的，销售地人民法院有管辖权。

第四条 对申请日在2009年10月1日前（不含该日）的实用新型专利提起侵犯专利权诉讼，原告可以出具由国务院专利行政部门作出的检索报告；对申请日在2009年10月1日以后的实用新型或者外观设计专利提起侵犯专利权诉讼，原告可以出具由国务院专利行政部门作出的专利权评价报告。根据案件审理需要，人民法院可以要求原告提交检索报告或者专利权评价报告。原告无正当理由不提交的，人民法院可以裁定中止诉讼或者判令原告承担可能的不利后果。

侵犯实用新型、外观设计专利权纠纷案件的被告请求中止诉讼的，应当在答辩期内对原告的专利权提出宣告无效的请求。

第五条 人民法院受理的侵犯实用新型、外观设计专利权纠纷案件，被告在答辩期间内请求宣告该项专利权无效的，人民法院应当中止诉讼，但具备下列情形之一的，可以不中止诉讼：

（一）原告出具的检索报告或者专利权评价报告未发现导致实用新型或者外观设计专利权无效的事由的；

（二）被告提供的证据足以证明其使用的技术已经公知的；

（三）被告请求宣告该项专利权无效所提供的证据或者依据的理由明显不充分的；

（四）人民法院认为不应当中止诉讼的其他情形。

第六条 人民法院受理的侵犯实用新型、外观设计专利权纠纷案件，被告在答辩期间届满后请求宣告该项专利权无效的，人民法院不应当中止诉讼，但经审查认为有必要中止诉讼的除外。

第七条 人民法院受理的侵犯发明专利权纠纷案件或者经国务院专利行政部门审查维持专利权的侵犯实用新型、外观设计专利权纠纷案件，被告在答辩期间内请求宣告该项专利权无效的，人民法院可以不中止诉讼。

第八条 人民法院决定中止诉讼，专利权人或者利害关系人请求责令被告停止有关行为或者采取其他制止侵权损害继续扩大的措施，并提供了担保，人民法院经审查符合有关法律规定的，可以在裁定中止诉讼的同时一并作出有关裁定。

第九条 人民法院对专利权进行财产保全，应当向国务院专利行政部门发出协助执行通知书，载明要求协助执行的事项，以及对专利权保全的期限，并附人民法院作出的裁定书。

对专利权保全的期限一次不得超过六个月，自国务院专利行政部门收到协助执行通知书之日起计算。如果仍然需要对该专利权继续采取保全措施的，人民法院应当在保全期限届满前向国务院专利行政部门另行送达继续保全的协助执行通知书。保全期限届满前未送达的，视为自动解除对该专利权的财产保全。

人民法院对出质的专利权可以采取财产保全措施，质权人的优先受偿权不受保全措施的影响；专利权人与被许可人已经签订的独占实施许可合同，不影响人民法院对该专利权进行财产保全。

人民法院对已经进行保全的专利权，不得重复进行保全。

第十条 2001 年 7 月 1 日以前利用本单位的物质技术条件所完成的发明创造，单位与发明人或者设计人订有合同，对申请专利的权利和专利权的归属作出约定的，从其约定。

第十一条 人民法院受理的侵犯专利权纠纷案件，涉及权利冲突的，应当保护在先依法享有权利的当事人的合法权益。

第十二条 专利法第二十三条第三款所称的合法权利，包括就作品、商标、地理标志、姓名、企业名称、肖像，以及有一定影响的商品名称、包装、装潢等享有的合法权利或者权益。

第十三条 专利法第五十九条第一款所称的“发明或者实用新型专利权的保护范围以其权利要求的内容为准，说明书及附图可以用于解释权利要求的内容”，是指专利权的保护范围应当以权利要求记载的全部技术特征所确定的范围为准，也包括与该技术特征相等同的特征所确定的范围。

等同特征，是指与所记载的技术特征以基本相同的手段，实现基本相同的功能，达到基本相同的效果，并且本领域普通技术人员在被诉侵权行为发生时无需经过创造性劳动就能够联想到的特征。

第十四条 专利法第六十五条规定的权利人因被侵权所受到的实际损失可以根据专利权人的专利产品因侵权所造成销售量减少的总数乘以每件专利产品的合理利润所得之积计算。权利人销售量减少的总数难以确定的，侵权产品在市场上销售的总数乘以每件专利产品的合理利润所得之积可以视为权利人因被侵权所受到的实际损失。

专利法第六十五条规定的侵权人因侵权所获得的利益可以根据该侵权产品在市场上销售的总数乘以每件侵权产品的合理利润所得之积计算。侵权人因侵权所获得的利益一般按照侵权人的营业利润计算，对于完全以侵权为业的侵权人，可以按照销售利润计算。

第十五条 权利人的损失或者侵权人获得的利益难以确定，有专利许可使用费可以参照的，人民法院可以根据专利权的类型、侵权行为的性质和情节、专利许可的性质、范围、时间等因素，参照该专利许可使用费的倍数合理确定赔偿数额；没有专利许可使用费可以参照或者专利许可使用费明显不合理的，人民法院可以根据专利权的类型、侵权行为的性质和情节等因素，依照专利法第六十五条第二款的规定确定赔偿数额。

第十六条 权利人主张其为制止侵权行为所支付合理开支的，人民法院可以在专利法第六十五条确定的赔偿数额之外另行计算。

第十七条 侵犯专利权的诉讼时效为三年，自专利权人或者利害关系人知道或者应当知道权利受到损害以及义务人之日起计算。权利人超过三年起诉的，如果侵权行为在起诉时仍在继续，在该项专利权有效期内，人民法院应当判决被告停止侵权行为，侵权损害赔偿数额应当自权利人向人民法院起诉之日起向前推算三年计算。

第十八条 专利法第十一条、第六十九条所称的许诺销售，是指以做广告、在商店橱窗中陈列或者在展销会上展出等方式作出销售商品的意思表示。

第十九条 人民法院受理的侵犯专利权纠纷案件，已经过管理专利工作的部门作出侵权或者不侵权认定的，人民法院仍应当就当事人的诉讼请求进行全面审查。

第二十条 以前的有关司法解释与本规定不一致的，以本规定为准。

实用工具

1. 民事起诉状样本(通用版本)

民事起诉状

原　告：____________

被　告：____________

第三人：____________

诉讼请求：

____

事实与理由：

____

证人姓名和住址,其他证据名称、来源：

____

此致

××人民法院

附:本诉状副本××份。

起诉人:××

××××年××月××日

【注意】

1."原告""被告""第三人"栏,系自然人的,应写明姓名、性别、身份证号码或者出生时间、民族、职业、工作单位、住址、联系方式;系法人或者非法人组织的,应写明名称、组织机构代码、住所、法定代表人或主要负责人姓名、职务、联系方式。

2.“诉讼请求”栏，主要写明请求法院解决的权益争议问题，应当明确、具体。

3.“事实与理由”栏，简要写明原被告之间的争议内容，包括发生纠纷的时间、地点、原因并阐明诉的理由。

4.“起诉人”署名栏，系自然人的，要由本人签名或捺印；系法人或者非法人组织的，署单位全称并加盖单位公章。

5.制作规范要求：(1)诉状用A4纸书写打印。(2)“原告”“被告”“第三人”姓名或者名称必须填写准确，不能有错字；地址要尽量翔实。(3)副本份数应当按被告和第三人的人数提交。

2. 侵害健康权纠纷民事起诉状

民事起诉状

原告：______________

被告：______________

诉讼请求

一、请求法院判决被告赔偿医药费、误工费、交通费、法医鉴定费共计两万元。

二、本案诉讼费用由被告负担。

事实与理由

××××年××月××日，我在集市销售苹果，被告对我无端指责，用拳头打我头部。我受伤后到医院治疗，被诊断为“脑外伤后综合征、头部外伤、眼外伤”。为治伤我支付医疗费一万元。经公安司法鉴定中心鉴定为轻微伤，支付鉴定费一千元。我多次向被告提出赔偿请求，被告均置之不理。无奈之下，我向贵院提起本案诉讼，希望贵院支持我的诉讼请求。

证人姓名和住址，其他证据名称、来源

1. 证人××。

2. 医药费票据、病例、工资单、交通票据、司法鉴定费票据。

3. 公安司法鉴定结论。

此致

××人民法院

起诉人：××

××××年××月××日

附：1. 起诉状副本 1 份；

2. 相关证据复印件×份。

法律依据：《中华人民共和国民法典》第一千零四条。

3. 侵害姓名权纠纷民事起诉状

民事起诉状

原告：____________

被告：____________

诉讼请求

一、请求法院判决被告撤销案涉网页宣传。

二、请求法院判决被告向原告赔礼道歉。

三、本案诉讼费用由被告负担。

事实与理由

被告公司为刚成立不久的公司，其未经原告许可且在原告不知情的情况下谎称原告对其公司进行技术支持和指导，并在其网站大肆宣传，使公众及消费者产生误解，在行业内造成了严重影响。其行为侵犯了原告的姓名权。现起诉至贵院，请求贵院判令被告公司立即停止一切侵权行为，撤销网页宣传，并向原告赔礼道歉。

证人姓名和住址，其他证据名称、来源

1. 证人××。

2. 网页宣传截图。

此致

××人民法院

起诉人：××

××××年××月××日

附：1. 起诉状副本 1 份；

2. 相关证据复印件×份。

法律依据：《中华人民共和国民法典》第一千零一十二条、第一千零一十四条。

4. 肖像许可使用合同

肖像许可使用合同

甲方(模特)：______________ 地址：________________

乙方(摄影师)：____________ 地址：________________

甲乙双方就带有甲方肖像的图片的使用达成协议如下：

一、甲方许可乙方将带有甲方肖像的图片用于(请仔细阅读以下内容,并在许可使用的内容前画“√”,在不许可使用的内容前画“×”)：

□ 公开展览

□ 发表、出版

□ 参加影赛、影展

□ 商标、广告

□ 进行改动或加工,用于任何商业目的

二、乙方向甲方支付酬金________元人民币。

三、上述款项乙方于_____年___月___日前一次性给付甲方。

四、本协议有效期为_____年___月___日至_____年___月___日。

五、因本协议发生争议,任何一方均有权向甲方所在地(侵权所在地)人民法院提起诉讼。

六、本协议一式两份,双方各执一份,具有同等法律效力。

七、其他需要明确的内容。

甲方(签字)：　　　　　乙方(签字)：

××××年××月××日

法律依据:《中华人民共和国民法典》第一千零一十八条、第一千零二十一条、第一千零二十二条。

5. 侵害名誉权纠纷民事起诉状

民事起诉状

原告：____________

被告：____________

诉讼请求

一、请求法院判决被告删除所有带有原告肖像的侵权网页画面并停止侵害。

二、请求法院判决被告向原告赔礼道歉。

三、本案诉讼费用由被告负担。

事实与理由

被告所属的《××晚报》于××××年××月××日刊登题目为“某女干部涉贪1.45亿”一文，文中错用了原告一张身穿警服的照片。同一时间，被告将相同版本的电子版文章和照片置于互联网上。《××晚报》是当地发行量最大、极具影响力的媒体，该文虽真实地报道了某女干部贪污受贿的犯罪事实，但错用了原告照片，造成原告名誉上极大程度的损害，给原告带来巨大的精神痛苦和烦恼。原告认为，被告错用原告照片的行为，已构成对原告名誉权的侵犯。现向贵院提起本案诉讼，请求贵院判决被告删除所有带有原告肖像的侵权网页画面、停止侵害并赔礼道歉。

证人姓名和住址，其他证据名称、来源

1. 证人××。

2. 案涉《××晚报》一张。

此致

××人民法院

起诉人：××

××××年××月××日

附：1. 起诉状副本 1 份；

2. 相关证据复印件×份。

法律依据：《中华人民共和国民法典》第一千零二十四条、第一千零二十五条、第一千零二十八条。

6. 侵害隐私权纠纷民事起诉状

民事起诉状

原告：____________

被告：____________

诉讼请求

一、请求法院判决被告向原告赔礼道歉。

二、请求法院判决被告赔偿原告精神损失五千元。

三、本案诉讼费用由被告负担。

事实与理由

××××年××月××日，我和被告签订了《合租房租赁合同》。××××年××月××日早上5时左右，我醒来时突然发现被告在我所租的房间内，被告发现我醒来后慌张地离开我所租的房间，跑回被告所租的房间，我赶紧起床并将被告叫到合租房屋的客厅对被告的行为进行质问，被告承认其偷窥我睡觉的事实，从××××年××月××日至××××年××月××日，这期间共偷窥三次，且每次持续的时间呈递增趋势，其所使用的入室工具为一把我毫不知情的备用钥匙。我将质问被告的过程用我的手机摄像功能全部录下。被告的行为侵犯了我的隐私权，损害了我的人格，给我造成极大的精神痛苦，为维护自身合法权益，我诉至贵院。

证人姓名和住址，其他证据名称、来源

1. 录像视频一份。

2.《合租房租赁合同》一份。

此致

××人民法院

起诉人：××

××××年××月××日

附：1. 起诉状副本 1 份；

2. 相关证据复印件×份。

法律依据：《中华人民共和国民法典》第一千零三十二条、第一千零三十三条。

图书在版编目(CIP)数据

民法典人格权编:实用问题版 / 法律出版社法律应用中心编. -- 北京:法律出版社,2021
(民法典实用问题版系列)
ISBN 978-7-5197-4812-8

Ⅰ. ①民… Ⅱ. ①法… Ⅲ. ①人格-权利-汇编-中国 Ⅳ. ①D923.19

中国版本图书馆 CIP 数据核字(2020)第 139510 号

民法典人格权编:实用问题版
MINFADIAN RENGEQUANBIAN:SHIYONG WENTI BAN

法律出版社
法律应用中心 编

责任编辑 朱海波 张 颖
装帧设计 鲁 娟

出版 法律出版社
总发行 中国法律图书有限公司
经销 新华书店
印刷 天津嘉恒印务有限公司
责任校对 王晓萍 王语童
责任印制 吕亚莉

编辑统筹 法律应用出版分社
开本 A5
印张 4.625
字数 129 千
版本 2021 年 2 月第 1 版
印次 2021 年 2 月第 1 次印刷

法律出版社/北京市丰台区莲花池西里 7 号(100073)
网址/www.lawpress.com.cn
投稿邮箱/info@lawpress.com.cn
举报维权邮箱/jbwq@lawpress.com.cn
销售热线/400-660-8393
咨询电话/010-63939796

中国法律图书有限公司/北京市丰台区莲花池西里 7 号(100073)
全国各地中法图分、子公司销售电话:
统一销售客服/400-660-8393/6393
第一法律书店/010-83938432/8433 西安分公司/029-85330678 重庆分公司/023-67453036
上海分公司/021-62071639/1636 深圳分公司/0755-83072995

书号:ISBN 978-7-5197-4812-8 **定价**:20.00 元

《民法典》适用与司法实务

茆荣华/主编

978-7-5197-4499-1　定价：198.00元

结合《民法典》最新的法律规定和审判实务中的50个法律适用重点问题，聚焦《民法典》的重要法律制度，为《民法典》施行后的重点、疑难法律规定的适用提供具有可操作性的实务指引，为民商事案件的办理提供有益参考。

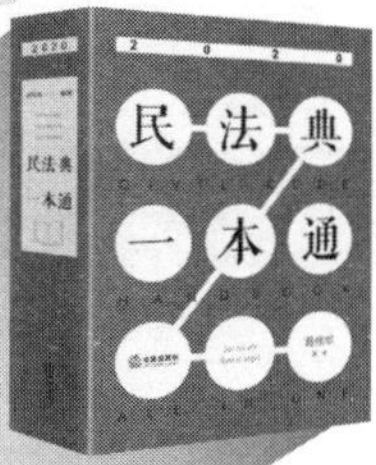

民法典一本通

葛伟军/编著

978-7-5197-4747-3　定价：186.00元

以《民法典》的结构为基础，按照总则、物权、合同、人格权、婚姻家庭、继承、侵权责任的体系编排。在体例上以民法典的条文为主线，摘编关联法律、司法解释及解释性文件、行政法规及部门规章，并以相关案例为实证。

身边的民法典（漫画说法）

张迪圣　张素/著

978-7-5197-4505-9　定价：48.00元

联系与社会大众紧密相关的衣食住行、物权合同、婚姻家庭、收养继承、购物消费及常见侵权情形等实际需求，通过形象生动的漫画展现身边常见的生活法律问题，并用通俗易懂的语言进行分析解答，为读者解决法律问题、处理法律事务提供实用的解答和指引。

中华人民共和国民法典
（学习笔记版）

978-7-5197-4820-3　定价：68.00元

本书为《民法典》的学习笔记版。根据条文内容精炼条文要旨，提炼出全文目录，方便读者查询。将法律条文序号一律由汉字改为阿拉伯数字，清晰醒目，可辨识性高。将法律条文序号、条旨、法律正文分三栏排列，方便查阅。法律条文包含多款的，分别在每一款前面标注款号，方便查找。每页的固定位置留白，供使用人评注。

民法典热点问题1200问

法律出版社法律应用中心/编

978-7-5197-4916-3　定价：72.00元

本书联系与人民生活密切相关的衣食住行、物权合同、婚姻家庭、收养继承、购物消费、常见侵权等实际需求，提炼常见法律问题，依据《民法典》及相关法律法规进行分析解答，为读者处理法律事务、解决法律问题提供直接、准确实用的解答。

民法典实用问题版系列

中华人民共和国民法典：实用问题版
978-7-5197-4798-5　定价：72.00元

民法典总则编：实用问题版
978-7-5197-4814-2　定价：36.00元

民法典物权编：实用问题版
978-7-5197-4813-5　定价：55.00元

民法典合同编：实用问题版
978-7-5197-4808-1　定价：60.00元

民法典人格权编：实用问题版
978-7-5197-4812-8　定价：20.00元

民法典婚姻家庭编：实用问题版
978-7-5197-5316-0　定价：32.00元

民法典继承编：实用问题版
978-7-5197-4810-4　定价：20.00元

民法典侵权责任编：实用问题版
978-7-5197-4811-1　定价：32.00元

对《民法典》重点条文进行注解，并收录关联的法律法律法规、司法解释、部门规章。同时，结合生活实践提炼法律适用问题，为处理法律事务、解决法律问题提供实用的指引，并收录常用的法律文书（合同）范本等实用工具。